Hermann Bauer

Über die Sprache und Mundart der altenglischen Dichtungen

Hermann Bauer

Über die Sprache und Mundart der altenglischen Dichtungen

ISBN/EAN: 9783743484603

Hergestellt in Europa, USA, Kanada, Australien, Japan

Cover: Foto ©ninafisch / pixelio.de

Manufactured and distributed by brebook publishing software (www.brebook.com)

Hermann Bauer

Über die Sprache und Mundart der altenglischen Dichtungen

Ueber die Sprache und Mundart

der

altenglischen Dichtungen Andreas, Gûðlâc, Phönix, hl. Kreuz und Höllenfahrt Christi.

INAUGURAL-DISSERTATION

zur

Erlangung der Doctorwürde

bei der

hohen philosophischen Facultät der Universität Marburg

eingereicht von

Hermann Bauer,
aus Wiesbaden.

Marburg.
Universitäts-Buchdruckerei (R. Friedrich).
1890.

Herrn Adolf Kolbe in Frankfurt a. M.

gewidmet.

Vorwort.

Ich verdanke die Anregung zur vorliegenden Arbeit meinen Herren Kommilitonen Dr. Leiding und Dr. Prollius und ihren Abhandlungen „Ueber die Sprache der ae. Dichtungen Cri., Jul., El." resp. „Der syntakt. Gebrauch des Conjunktivs in Cri., Jul. und El.". Es steht die folgende Untersuchung im engsten Anschluss an die Arbeit Leidings, der sie in der Einteilung fast getreu folgt.

Zu Grunde gelegt waren die Texte bei Grein mit den Verbesserungen in Germ. X und der Collation Schippers in Germania XIX; ferner die ags. Grammatik von Sievers mit dessen Ergänzungen in den Btrgen IX, X und Cosijns altws. Grammatik. Ferner wurden benutzt die Arbeiten von: F. Dieter „Ueber Sprache und Mundart der ältesten engl. Denkmäler, der Epinaler und Cambridger Glossen", Göttingen 1885; O. Priese, „Die Sprache der Gesetze Aelfreds des Grossen und König Ines", Strassburg 1883; R. Zeuner, „Die Sprache des kent. Psalters", Halle 1881; Philipp Frucht, „Metrisches und Sprachliches zu Cynewulfs Elene".

Ich verfehle nicht, den Verwaltungen der Königlichen Universitätsbibliothek zu Marburg, der Stadtbibliothek zu Frankfurt a. Main und der Freiherrl. von Rothschild'schen Freibibliothek dortselbst meinen aufrichtigsten Dank auszudrücken.

H. B.

Erstes Kapitel.
Vokalismus.
A. Die Vokale in Stammsilben.
I. Die kurzen Vokale.
§. 1.
a.

1. *a* in offener Silbe.

a) Die folgende Silbe enthält einen hellen Vokal:
An. *swyltcwale* 156. 1376. *earhfare* 1050 (cf. *earhfære* El. 44. 116). *streamfare* 1578. *ȝðfare* 902. *sidfate* 663. *hraðe* 341. 919. 984. 1108. 1113 (4 *hræde*). *fyrdhwate* 8. *late* 46. *mearcpaðe* 1063. *slaȝe* 958. *swaðe* 673. 1424. *andsware* 189 etc. (10 mal). *ondsware* 401. 508. *burȝware* 1585. Im st. Vb. *ȝalen* 1551. Gû. *swyltcwale* 553. *dare* 672. *licfate* 1063. *hraðe* 393. 659. *late* 1137. 1198. *andsware* 264. *wraðe* 220. Im st. Vb.: *fared* 353 (cf. *færed* An. 497). Phön. *fýrbaðe* 437 (cf. *bæðe* El. 949). *swyltcwale* 369. *ȝðfare* 44. *ȝoldfate* 303. *flyhthwates* 335. *scade* 168 (der ws. Prosa fremd; *scæd* Gû. 647 ohne die ws. Diphthongierung; *scadu* Gû. 1262. *sceadu* An. 838. Phön. 210. hl. Krz. 54. *sceade* Phön. 234). *wraðe* 247. Im st. Vb.: *fared* 123. *ȝehladene* 76. hl. Krz. *sidfate* 150.

b) Die folgende Silbe enthält einen gutturalen Vokal oder ein *e*, des aus guttur. Vokal der Mittelsilbe durch Schwächung entstand.
An. *atol* 1314. *-a* 1298. *atulne* 54. *daȝas* 1416. 1698. *fyrndaȝum* 753. 978. *ȝeârdaȝum* 1521. *daroðu* 1446.

ʒafulrædenne 296. faca 1373. farude 236. farode 255. 1660. farodstrǽtc 311. 900. -lácende 507. -ridende 440. merefarode 289. 351. warodfaruda 197. ánhaʒan 1353. laʒu 437. -strḗam 423. -fǽsten 398. 826. laʒoflódas 244. -láde 314. latu 1112. hildlata 233. wordlatu 1524. naca 267. -an 291. mearcpaðu 789. salu 1675. hornsalu 1160. mánslaʒa 1220. hildstapan 1260. stapul 1064. -as 1496. stadole 1505. staðulfæst 1338. stadolfæst 121. trafu 844. 1693. holmþracu 467. waðuman 1282 (cf. Phön. 97). wada 439. wadu 1459. 1547 (cf. wǽdu 533. wǽdo 375). warena 1127. burʒwaru 1096. -um 184. 209. 718. eordwarum 568. ceasterwarum 1468. warude 240. warode 263. -a 306. waruðʒewinn 439 ondsacan 1150. 1461. hradost 166. tōʒadore 1440 (cf. ætʒǽdre §. 3).

Im Fremdwort: apostolhád 1653.

Im st. Vb. faran 794. 797. 956. 1281. farað 332. ʒalan 1129. 1344. wadan 1273. wadað 677.

Im sw. Vb. ʒedafenað 317. ʒadoriʒean 1558. ʒaderiʒean 782. hafu 223. -ast 357. 507. 1322. nafast 311. saʒa 557. taliʒe 1565 (cf. tæliʒe 1486). þafʒan 402. swadrode 1587. (cf. swædorodon 533). stadoliʒe 82. -ade 800. ʒestadolade 536. ʒestadelode 162.

Ferner im Vb. pprs. maʒon 956.

Gn. atule 534. atela 87. ʒǽstewalu 651. daʒas 942 etc. -a 974. -um 22. 590. -ena 922 (cf. daʒana El. 193. -ena Cri. 467. 1587). symbeldaʒa 136. wyndaʒum 604. flacor 1117. ʒafulrǽdenne 959. hradost 1082. laʒumearʒ 1306. latu 1229. stundlatu 875. fǽrhaʒan 933. hafelan 1244. sucu 650 (cf. sæce 271). audsacan 181. 204. burʒsalu 1258. -salo 1305. scadu 1262. hearmstafas 200. sárstafum 205. wyrdstafum 1325. stadelum 1248. ʒestalum 481. ʒeþacan 1005. flánþracu 1117. ádlþracu 935. eordwarum 578. helwarum 544. wracu 1054. wradu 1337.

Im st. Vb. draʒan 699; im sw. Vb. hafu 1040. saʒa 1165. stadelian 1083. -ad 37. ʒeþafʒan 572. wacedon 96.

Phön. baða 110. basu 296. bládduʒa 674. ʒeárdaʒum 384. fyrndaʒum 570. ǽrdaʒum 414. dalu 24. bánfatu 520.

moldʒrafum 524. *ánhaʒa* 87. *laʒu* 101. *-flóda* 70. *-stréamas* 63. *sacu* 54. *dûnscrafu* 24. *tapur* 114. *wademan* 97. *fýrwara* 166. *wracu* 51. 54.
Im sw. Vb. *hafað* 175. 667. *staðelode* 130. *ʒestaðelad* 474. *wafʒað* 342.
hl. Krz. *daʒu* 136. *fracodes* 10. *staðole* 71.
Im st. Vb. *ʒalan*.
Hö. *burʒwaran* 134. *-ena* 56. *helwaran* 21. *-um* 24. *hellwara* 123. *haʒosteald* 21.
Im sw. Vb. *baðodan* 132.

2. *a* in geschlossener Silbe.
a) vor *l*: (a vor *l* bezeichnet ten Brink als angl. Z. f. d. A. XIX, 219).
An. *aldor* 55. 70. 354 etc. (8 mal) *ʒaldorcræftum* 166. *baldor* 547. *cald* 201. 222. 253. 310. *-heorte* 138. *waldend* 193 etc. (9 mal). *calwalda* 752. 927. *salte* 750. *walcan* 1526.
Gû. *ʒaldrum* 1180. *waldend* 566. 638. 735. 773. *-es* 149. 817.
Phön. *caldum* 59. *brimcald* 67. 110. *sincaldu* 118. *waldend* 464. 631. *anwald* 511. 663 (cf. *anwealdu* hl. Krz. 153).
Hö. *waldend* 112 [1]).

b) sonst:
An. *habban* 818. 978. *-að* 296 etc.
In den Fremdwörtern: *carcern* 1580. *-es* 1077. *-e* 56. 90. 130. 993. 1084. 1252. 1462. 1562. *martyra* 878. *marmanstán* 1500 (cf. *mearmanstán* Phön. 333). *ʒetrahtod* 1361.
Gû. *habban* 556. 1028. *-ad* 280.
Im Fremdworte: *martyre* 485. *martyrhád* 443.

---

1) Anm. In dem Worte *waldend* finden wir: An. 9 a, 5 ea; hl. Krz. stets (4) ea; Gû., Phön., Hö. nur a (6. 2. 1). Nach Leiding haben wir in El. 16 ea, 3 a, in Cri. und Jul. stets a. In An. finden wir: *cealdum* 1262. *wintercealdan* 1267. *cald* 5 mal. *sealte* 196. *-es* 1534. *salte* 750. *ealdres* 1134. *ealdre* 1139. 1326. 1723. *aldre* 940. 1353. [940: *tó wídan aldre*. 1723: *tó wídan ealdre*]. Vereinfachung von *ll* in *nalas* 506. 605. 1044. 1593. *nalæs* 46. 233. Ebenso *nalæs* Gû. 88. 555. *nales* Gû. 121. 432. 588. Hö. 105. 112.

Phön. *ascan* 231 etc. (5 mal) *haswa* 121. *haswizfedra* 153.
Hö. *habban* 66.
3. *a* vor Nasal (wichtig für die Zeitbestimmung; cf. Sweet Angl. III,₁₆₂, Paul Btrge. VI,₆₁).
a) vor *n*:
An. *banan* 616. 1295. 1704. *brante* 273. *heofoncandel* 243. *wedercandel* 372. *dæʒcandelle* 837. *ʒanʒ* 208. 455. 1696. *beʒanʒ* 195. 530. *hand* 9. 17. etc. (10 mal). *hranráde* 266. 634. *land* 268 etc. (17 mal). *landsceape* 501. *-sceare* 1231. *-reste* 782. *êaland* 28. *íʒland* 15. *mearcland* 19. 803. *widland* 198. *lanʒ* 420. *-e* 314 etc. *-sum* 1484. *andlanʒne* 1276. *ondlanʒne* 819. *ondlanʒe* 1256. *nihtlanʒne* 836. 1311. *ʒelanʒ* 981. *mann* 493. 1486. *-a* 262 etc. (7 mal) *-um* 768. *-cynnes* 357. 1295. 1467. *mancynn* 947. 1504. *-es* 69 etc. (6 mal) *-e* 583. 658. 975. 1628. *maneʒum* 962. 1122. 1710. *ʒemanʒe* 730. *sanʒ* 871. *sandhleodu* 236. *stranʒ* 313. *-um* 162. 536. 1212. *-an* 1338. *-lice* 167. *swanráde* 196. *þanc* 384 etc. (7 mal) *ʒeþance* 237. *ʒeþancul* 462. *hiʒeþancol* 341. *hyʒeþances* 818. *inʒeþanc* 35. *inwitþanc* 670. *inwidþancum* 549. *searoþancum* 1257. *searuþancle* 1163. *wanʒ* 102. 841. *-stede* 990. *beaduwanʒe* 413. *dêadwanʒ* 1005. *meotudwanʒe* 11. *siʒewanʒ* 1583. *stedewanʒe* 775. *-as* 334. *wælwanʒe* 1228. *wana* 1042. *wanhále* 580. *wann* 1171. *brúnwann* 1308. *wansælíʒe* 965.
Im st. Verb. Kl. VI¹): *standan* 884. 995. 1064. 1450. 1496. *-e* 502. *-ad* 722. *ástandan* 793. Kl. III: *wand* 372.
Im redupl. Vb.: *bannan* 1096. *befanʒen* 1059. *ʒanʒan* 238. 1061. 1358. *-ed* 893.
Im Vb. pprs.: *ʒeman* 639. *cann* 982. 1156. *canst* 68. 508.
Im sw. Vb.: *þancade* 1013.
Gû. *lande* 803. *manna* 1146. *módʒeþanc* 1170. *wana* 1348.
Im redupl. Vb.: *ábanne* 270; im sw. Vb.: *ʒemanode* 1181.
Phön. *swanes* 137. *ʒehwane* 464. *scancan* 310.
Im sw. Vb.: *waniad* 72.
hl. Krz. *banan* 66. *ʒanʒe* 23. *handa* 59. *lanʒe* 24. *lanʒunʒhwíla* 126. *man* 73. 75. 112. *mannum* 95. 102. *mancyn* 41.

---
1) Bezeichnung der Klassen nach Sievers.

104. -*cynnes* 33. 99. *manizeo* 151. *manizra* 41. *manezum* 99. *stranz* 40. *-e* 30. *eaxlezespanne* 9. *icann* 55. *þan* 122. *forþan* 84. *Im st. Vb. standan* 43. 62; *im Vb. pprs. zeman* 28.
Hö. *sandzrotu* 117.

b) vor *m*:

An. *campe* 234. 1327. *camprædenne* 4. *clamme* 1194. *zrame* 919. *zramra* 217. 953. 1061. *zramhydizes* 1696. *hamera* 1079. *flæschaman* 1087. *nama* 542. 1324. *-an* 977. 1672. *samod* 1668. *zesamnod* 1100. *fram*[1]) 234. 697 etc. (9 mal). *Im sw. Vb.*: *samnade* 125. *samnodan* 1126. *zesamnodon* 1069.
Gû. *campode* 615.
hl. Krz. *naman* 113. *fram* 69.

c) *a* im zweiten Stamme der st. Verba Kl. III.

An. *band* 1257. *clanz* 1262. *onarn* 1001 (jüngere Form für *orn*; cf. *born* Gü. 910. 937). *onzan* 12. 427 etc. (12 mal) *onzann* 851. 1128. 1268. 1557. 1609. *onwand* 531. *onspranz* 1637. *zetanz* 138. *sann* 1279.
Gû. *onzan* 72.
hl. Krz. *onzan* 19. 27.

4. *o* aus altem *a* vor Nasal.

a) vor *n*:

An. *bonena* 17. *zeblond* 532. *ârzeblond* 383. *zonz*[2]) 871. 941. *hronrâde* 822. *monna* 1025. *rond* 412 (*hand and rand* 9). *wonn* 839. *iconze* 22.
Im redupl. Vb. zeblonden 424. *onblonden* 675.
Im Vb. pprs. con 195. *const* 1284.
In An. 10 *ond* gegen 120 *and. ond* 947. 1003. 1035. 1041. 1205. 1308. 1397. 1402. 1416. 1721.
Gû. *bona* 57. *brondhât* 937. *hond* 274 etc. (7 mal) *lond*

---

1) Anm. An hat nur *fram*, ebenso hl. Krz. Gû. und Hö. nur *from*. El. hat 12 *fram*, 1 *from*; Cri. und Jul. je 1 *fram*, sonst nur *from*.
2) Anm. Vereinzelte Reimgruppen in den Halbzeilen: V. 869—872: *brehtmum bliðe beorhte and liðe* || *lissum lufedon and hi lofe wunedon* || *þær wæs sinzal sanz and swezles zonz* || *wlitiz weoroda héap and wuldres þreat*.

122 etc. (5 mal) *éalond* 1299. *sondlond* 1308. *condel* 1264. *wyncondel* 1186. *lonʒ* 1019. *-e* 614. 1144. *ʒelonʒ* 284. *-e* 223. *lonʒsum* 766. *ondlonʒne* 1251. *lonʒedas* 287. 301 (cf. *lonʒad* 330). *ondan* 189. 317. 537. 745. *inʒonʒ* 534. 966. *hinʒonʒe* 783. *setlʒonʒes* 1187. *stalʒonʒum* 1113. *mon* 17 etc. (13 mal) *-dryhten* 980. *-dryhtne* 1024. *monʒe* 1. *moniʒfealdra* 616. *-an* 1221. *sconde* 647. *sonʒ* 1297. *stronʒ* 264. 1113. *-lice* 875. *sondhofe* 1169. *þonc* 442. *-es* 886. *-e* 96. 140. *ʒeþonc* 340. *wonʒ* 149. 199. *-es* 323. *-e* 674. *-um* 1249. *foldwonʒ* 1300. *siʒewonʒe* 893. *stedewonʒa* 847. *wonnan* 1001. *ond* 717.

Im st. Vb. Kl. VI: *stonde* 217. *forstondan* 674. *widstondan* 967. Im redupl. Vb.: *ʒeblonden* 640. *ʒonʒan* 543. 975. *-ed* 13. Im sw. Vb.: *þoncian* 576. *ʒemonade* 1314. *wonian* 28. *ʒewonade* 747. Im Vb. pprs.: *const* 1351.

Phön. *brond* 216. *-es* 283. *condelle* 91. *wcdercondel* 187. *ʒonʒ* 118. *hond* 441. *lond* 20 etc. (9 mal). *-welan* 505. *iʒlond* 9. *éalonde* 287. *édellond* 279. *wynlond* 82. *mon* 243. *monnes* 128. *-a* 323. 358. 544. *moncynnes* 176 etc. *monʒe* 443. 491. *-um* 4. 323. *-eʒum* 521. *ʒemonʒe* 265. *lonʒ* 481. *-e* 489. *-ne* 440. 555. *-a* 607. *sonʒ* 540. *-e* 337. *-cræftum* 132. *stronʒ* 86. 99. 161. *swonʒor* 315. *þonc* 623. *-es* 144. *ʒeþoncum* 552. *oferþoncum* 304. *wonʒ* 7 etc. (10 mal) *siʒewonʒ* 33. *ʒræswonʒe* 78. *won* 99. *wlonc* 100. Im st. Vb. Kl. VI: *stonded* 89. 181. *-ad* 22. 36. 78. 185. Im red. Vb.: *ʒeblonden* 294. *bifonʒen* 259. 380. 527. 535. *ʒonʒad* 519. *ʒehonʒen* 38.

Hö. *bonan* 97. *bona* 88. *ʒonʒe* 2. *hond* 125. *-a* 97. *lonʒe* 54. 80. *monna* 109. 110. *wifmonna* 48. *moncynnes* 33. *-e* 113. *moniʒ* 45. *-ne* 62. *monþwære* 77. *þonc* 59. 139. Im st. Vb. Kl. VI: *ymbstondad* 124.

b) *o* vor *m*:

An. *clommum* 131. 1380. 1562. *fromes* 8. *fromlice* 556. 1184. 1334. 1642. *hildfrome* 1204. *sidfrome* 247. 641. *ʒrome* 563. *flæschoman* 24. 154. *lichoman* 791. 1218. 1468. *ætsomne* 996. 1093. *tôsomne* 33. 1095.

Gü. *clom* 570. *clommum* 511. *ʒromhydʒe* 346. *ʒomenes* 1328. *flæschoma* 1004. *-an* 345. *lichoma* 134. *-an* 164. 1072. *lomber* 1015. *ådloman* 884. *ombieht-héra* 571. *scomu* 828. *-e* 175. 605. *somwist* 1150. *-e* 941. *-ud* 810. *somudeard* 1346. *frome* 152. *-ne* 320. *from* 248. 337. 430. 484. 1285. Im *sw*. Vb.: *compian* 316. Phön. *fromlice* 371. *ʒomol* 154. *ʒomel* 285. *federhoma* 280. *lichoman* 220. 488. 518. *noman* 174. *atsomne* 272. *wcomb* 307. Im *sw*. Vb.: *somniʒe* 547. *somnad* 193 etc. (4 mal) *ʒesomnad* 576. hl. Krz. *wommum* 14. Hö. *bealuclommum* 65. *from* 22.

c) *o* im zweiten Stamme der st. Vb. Kl. III:
An. *blon* 1267 (cf. *þu blunne* 1382). Gü. *bond* 668. *born* 910. 937. *fond* 980. 1120. *inʒesonc* 1115. *ʒelomp* 491. 637. *pronʒ* 1255. *ʒepronʒ* 835. *won* 370. *oferwon* 123. 151. *wond* 265.

Wir finden in unsern Gedichten folgendes Verhältnis des *a* vor Nasal:
An. 190 *a*, 38 *o*. (El. hat ebenfalls weit überwiegend *a* neben 21 *o*); hl. Krz. 28 *a*, 1 *o*; Gü. 110 *o*, 7 *a*; Phön. 96 *o*, 4 *a*; Hö. 20 *o*, 1 *a*.

Nach Leiding verhält sich:
$a : o = 1 : 80$ (Cri.) $= 1 : 5$ (Jul.).
Wie El. sich scharf von Cri. und Jul. abhebt, so stellen sich An. und hl. Krz. gegen Gü., Phön. und Hö.

§. 2.

Die Tonerhöhung von *a*. (cf. Cosijn. I, 4 ff.).
1. *a* wird durch Tonerhöhung zu *æ*.
   a) im Praeterit. st. Vb. Kl. III, IV, V.
An. *bæd* 1032. 1616. *ʒebæd* 998. *bær* 265. *oferbræʒd* 1543 (mit Dehnung *oferbréd* 1308). *cwæd* 62 etc. (14 mal) *ʒecwæd* 898 etc. (7 mal) *onewæd* 270. 1348. 1431. *fraʒn* 1095. 1708. *ʒefraʒen* 1062. *sæt* 305. 1009. *ʒesæt* 359. 1065. *spræc* 906. 925. 1559. *dlæʒ* 3.

Gû. bæd 303. 1131. bær 141. forbær 459. ácwæd 1321. bicwæd 331. oncwæd 996. spræc 171. 664. 1268. ʒesæt 129. 311. wæʒ 982. 1024.
Phön. ʒecwæd 551.
hl. Krz. ʒebæd 122.
Hö. spræc 24. 57.

b) in geschlossener Silbe.

An. æfter 124 etc. ælmihtiʒ¹) 76 etc. æscum 1099. æscberend 47. 1078. 1539. æt 403 etc. bæd 293. 1642. -weʒ 223. 513 (cf. bada Phön. 110). blæst 839. -as 1554. dæʒ 819 etc. -candelle 837. -hwæmlice 682. fædm 252 (6 mal). widfædme 240. 533. frætwe 337. frætre 571. sidfæt 420. fæst 1109. -e 58. 83. 130. 1673. -ne 184 etc. -enne 1036. 1070. 1179. 1546. -an 796. sódfæst 385. (5 mal) stadulfæst 1338. studolfæst 121. wærfæst 416. 1312. -ne 1275. þrymfæst 325. 479. laʒufæsten 398. 826. wisfæstra 1169. 1650. fræʒn 255. ʒærs 38. (Metathesis des r; cf. ʒræsiconʒe Phön. 78). ʒlædmôd 1061. hæftas 1072. hæftlinʒ 1344. hrædlice 192. 938. 1538. hræʒle 1473. hwæt 1 etc. hwælmere 370. mæcʒas 422. 1710. -a 773. orettmæcʒas 664. næsse 1712. sæʒl 89. 1458 (cf. seʒl 50). ondsæc 929. stæf 153. tæliʒe 1486 (taliʒe 1565). tælmet 113. wælʒrim 1417. -ʒifre 372. 1273. -ʒrǽdiʒe 135. -réowe 1213. -wanʒe 1228. -wulfas 149. wræc 1382. -sid 891. 1433. 1630. wrætlic 741. -lice 93. 712. -licum 630. 1202. wættre 955. ʒeþræc 824.

Im sw. Vb.: hæbbe 899. 1166. 1523. næbbe 301. hæfde 534 etc. hæfdes 530. -don 134 etc. searuhæbbende 1530. searohæbbende 1470. fædmian 1591. -edon 1574. sæʒde 756. 1209. 1656. (mit Dehnung in sǽde 1024). -don 1082. ʒefrætwed 715. -wode 1520.

Im Vb. pprs.: mæʒ 190 etc.

Gû. æftera 1214. æfstum 684 (cf. æfeste 158. æfest Phön. 401. æfstum An. 610). bræʒdwîs 58. dæʒ 1071 etc. -hwam 90.

1) Das Präfix æl- begegnet uns in An. 10 mal: æl -fæle 771. -mihtiʒ 76 etc. (6 mal) -mihtiʒa 1192. -wihta 118. -myrca 432. [Daneben findet sich: eallwihta 1605. eallwealda 205. ealwealda 752. 927. -an 1622. ealʒréne 799]. Sonst nur æl-: ælmihtiʒa Gû. 732. 923. ælmihtiʒne hl. Krz. 60.

-wóman 1191. fæc 185. fædmum 754. bánfæt 1166. sidfæt 1352. frætwa 1256. -we 1032. fæst 928 etc. módʒlædne 1131. ʒlædmód 1035. 1277. hæft 569. -as 697. hwæt 79. 724. mæcʒes 1192. mæcʒas 833. ofermæcʒa 664. mæʒne 17 etc. nædlan 1175. næssas 535. tælmearcc 849. unlæt 1007. wælʒífre 972. -reste 1006. -ræste 1342. -strælum 1260. -pílum 1187. wræc 1303. -síde 595. -síða 480. hæbbe 360 etc. mæʒ 318 etc. Phön. bæc 309. dæʒ 234. ʒlædmód 462. -e 519. ʒlæs 300. hæʒl 60. -es 16. fædm 487. 556. -rimes 28. ʒefær 426. bánfæt 229. frætwe 83 (7 mal) -a 150. -um 610. mædle 538. mæʒnes 625. -c 471. 1246. ofermæʒne 249. swæccum 214 (cf. sweccu Gû. 1247). wælʒifre 486. -réaf 273. wræchwile 527. wrætlice 63 etc. (5 mal). mæʒ 14 etc. Im sw. Vb.: hæbbe 1. 569. hæfdon 408. ʒefrætwad 116. 239. -ed 274. onwæcned 648.

hl. Krz. æt 73. hwæt 1. næʒlum 46. hæbbe 50. 79. hæfde 49. -don 16. 52. wæs 6. mæʒ 85.

Hö. wræcsíd 126. hæfde 26. behæfde 18.

c) in offener Silbe:
1) vor c (Sievers §. 253₁):

An. wræce 615. -es 1385. streâmræce 1582. (Gemin. in sæcce 1134). Gû. wræce 170. ʒyrnwræce 405. nýdwræce 525. synwræce 832. þræce 235.

Phön. sárwræce 682. bælþræce 270. holmþræce 115. liʒþræce 225.

2) sonst:

An. fæder 83. (14 mal) fæderas 753. hêahfæderas 877. -a 792. fræte 1508. hæʒelscûrum 1259. hræde 1223. 1274. 1522. 1579 (6 mal hræde) hwæder 129. 604. hwædere ¹) 504. hwædre 51. 1489. hwæles 274. mæʒen 395 etc. -spédum 1287. folcmæʒen 1062. handmæʒen 725. heremæʒene 586. 728. 1400. 1652. mædel 1051. -hèʒende 609. 1098.

---

1) Anm. Nur An. und hl. Krz zeigen die nicht syncop. Form; ebenso bewahrt An. den Mittelvokal in den mehrsilb. Casus von wæter, während Phön. syncopiert. In Hö. 47 findet sich eine Form hêahfædra, während in An., Gû., Phön. und hl. Krz. das e fest ist. Die Syncope ist nur den älteren Texten des ws. eigen; Siev. §. 285, Anm. 2; northfædra, Ps. fedra (feddra).

eordscræfe 781. 1590. *eordscræfu* 804. *dûnscræfum* 1234.
1541 ¹) (cf. *dûnscrafu* Phön. 24) *fyrnsæzen* 1491. *swæde* 1443.
wædu 533. *wædo* 375. *wæter* 201 etc. (7 mal) *wæteres* 22.
452. 587. 1262. 1538. *-e* 587. *-brózan* 197. 456. *-flódas* 503.
-ezesa 435. *-ezsa* 375.
Im st. Vb. Kl. VI: *hæfen* 1157. 1645.
Im sw. Vb.: *swædorodon* 534 (*swadrode* 1587 u. *swederodon* 538).
Gû. *fæder* 504 (8 mal) *mazen* 950. 1080. *-spéd* 611. *-þeznes*
1098. *dêadmazen* 867. *wæterþisa* 1303. (In Gû. nur die
syncop. Form *hwædre* 204. 417. 491. 529).
Im st. Vb. Kl. VI: *hæfen* 233. *hlæden* 1252.
Phön. *æppel* 403 (syncop. *æples* 230. *æpplede* 506). *æfest* 101.
fæder 95 (9 mal) *mæzenþrymmes* 665. *wæter* 61. 65 (dagegen
wætres 41. *wætra* 184).
hl. Krz. *hêahfædere* 134 (ws. stets *fæder*, north. eine Form
fædere). *hwædere* 57. 70. 101. (*hwædre* 18. 24. 38. 42. 59).
Hö. *mæzenþrym* 22. *hêahfædra* 47 (vgl. Anm. p. 9).

2) *a* wird durch Tonerhöhung zu *e*:
An. *sel* 763 (cf. *salu* 1160. 1675). *sezl* 50. *medlan* 1442. *medle*
1438. 1628. *medelstede* 658. 697. *swederodon* 838.
Gû. *medelcwide* 1192. *-a* 980. *-um* 988.

§. 3.
Der Umlaut von *a*.
1. Der Umlaut von *a* ist *æ*.
a) in der 2. und 3. Ps. Praes. Sgl. st. Vb. Kl. VI:
færed An. 497 (cf. *fared* Phön. 123). *âscæced* Phön. 114.
(*sceacan* An. 1596).
b) vor *l* + Konsonanz:
(*a* vor *l* + Kons. *ws.* gebrochen zu *ea* ; das nicht gebrochene

---

1) Anm. Zu beachten ist in *eordscrafu* An. 804. *dûnscræfum* An.
1234. 1541 das Eindringen des *æ* in den Stamm. Phön. hat *dûnscrafu* 24.
An. hat weiter *æ* in *eordscræfe* 781. 1590; ferner in *wædu* An. 533.
wædo An. 375. gegen *wada* An. 489. *wadu* An. 1459; ebenso zu beachten
das Eindringen des Plurul *a* in die mehrsilbigen Singularcasus bei *sidfate*
An. 663 gegen *sidfate* An. 358. 515. In *earhfaru* haben An. Jul. und
Cri. stets *a*, während El. *earhfære* 44. 116 hat. An. hat 4 *hræde* gegen
5 *hrade*, An. und hl. Krz. haben nur *hwænne*, während Gû. Phön. Hö.
nur *hwonne* zeigen.

a ist anglisch und es verhält sich im Umlaut a : ea = æ : ie
(i, y) cf. Paul Btrge. VI₈₁).
An. wælm 1544. -um 452 (cf. wylm 367. 865. flôdwylm 516.
strêamwelm 495). bældest 1188.
Gû. sorʒwælmum 1236. ælda 727. 793. 796. 807. 898. 947.
ældu 80. ældum 1115 (eldum An. 1059).
Phön. ælda 198. 546. -um 509 (cf. yldu 52. 190. yldo 614).
 c) vor Nasal:
 mæniʒ An. 1438. hwænne (spätws.) 400. 925. mæniʒe hl.
Krz. 112. hwænne hl. Krz. 136.
 d) vor r + Konsonanz:
 (bes. north. æ für ws. ie, y, i). hærn An. 531. hærnflota
Gû. 1307. moldærne Phön. 564. eordærn Hö. 12. -e Hö. 3.
hærfeste Phön. 241.
 e) vor s + Konsonanz:
 ætfæstan An. 1349. bifæste Gû. 873. ræste Gû. 334. 1068.
wælræste Gû. 1342 (cf. wælreste 1006). ʒehlæsted Gû. 1307.
wæstm Gû. 820. -a 15. wæstmas Phön. 34. 243. -a Phön.
332. 466. -um Phön. 72. 237. 250. 580. foldwæstmum Phön.
654. ræst Hö. 6.
 f) vor f + Konsonanz:
 ʒchæfted An. 1129. ʒehæfte (pl.) An. 1160. stæfnan An.
495. brondstæfne An. 504. áræfnan An. 817. æfnan Gû. 816.
ʒeæfnan Gû. 1211. ʒeæfnde Gû. 1081. ræfnad Gû. 594. 764.
ræfnan Phön. 643.
 sonst:
An. ædelinʒ 681 etc. (17 mal) ædele 360 (4 mal). -um 230.
(4 mal) -es 757. -u 683. -o 736. -an 642. 1478. -ne 873.
1022. ædellic 890. ædelcyninʒes 1681. ætʒædere 994. (Umlaut
durch das i der dritten Silbe über den dunklen Vokal hinaus;
primäres æ wäre diphthong. worden). fæʒen 1043. hæled 2. 38 etc.
Gû. ædela 14. 1252. -ne 1261. -um 430. -an 898. hæledu
655 etc. mæʒed 1316. mæʒd 833. -c 734. -a 1350.
Phön. ædelinʒ 319 etc. ædelestum 207. 431. ædelstenca 195.
-tunʒla 290. tôʒædere 225. hæleda 135 etc.
Im sw. Vb.: ʒædrad 193. ʒeʒædrad 269. 512.
hl. **Krz.** ædelinʒe 58. ætʒædere 48. hæled 39. 78. 95. wæfersŷne 31.

Hŏ. ædelinza 121. ætzædre 133. hæled 7 etc. mæzd 1. wræccan 42. 63.
2. Der Umlaut von *a* ist *e*.
a) vor *l* + Konsonanz. [*a* : *ea* = *e* : *ie*, *i*, *y*. cf. §. 11,4].
eldum An. 1059. strêamwelm An. 495.
b) vor Nasal:
An. bendum 184. 1040. 1359. benne 1407. dolzbennum 1399. sârbennum 1241. leodubendum 100. 164. 1375. 1556. witebendum 108. 1563. ende 221 etc. -stæf 135. enzel 194. 365. 1542. enzlas 824. 873. -a 74 etc. -um 249. 599. 1724. enzelcynna 717. hêahenzlas 887. upenzla 226. cempa 461 (4 mal). -an 230. 1057. -um 324. lenz 80 (6 mal) ealdormenn 608. menizo 101 (6 mal) menizeo 1692. semninza 821. strenzas 374. -ra 1387. léofwendum 1292.
Im sw. Vb.: fremman 68 etc. zefremman 191. 426. 1616. zefremmanne 206. âblended 78. zenzan 1097. swencan 100. zeswenced 116. 394. nemnan 1178. nemdon 1195. nemned 720. 1653. zewemmed 1473. wenede 1684.
Gû. bendum 545. inbendum 928. cempa 124 etc. Enzle 582. enzel 161. (7 mal). enze 970. ende 106 etc. -dôzor 1125. fenz 497. onfenz 376. -um 490. zenze 737. forezenzan 504. werzenzan 566. 685. lenz 207. 1031. -ra 1007. -e 109. wlencu 474. -e 179. oferwlencum 389. menzu 39. 156. 172. 208. mennisc 881. -e 891. -ne 1095. -um 139.
Im sw. Vb.: cennad 23. 153. âcenned 797. -ne 1335. endien 21. fremede 263. 1073. ânemdon 13. sende 683. -ed 292. scencte 957. biscencte 586. swencan 423. 542. zeswenced 1110. wendan 28. -ad 15. onwendan 440. -ad 347.
Phön. cempa 452. -an 471. ende 364 etc. enzla 492 etc. enza 52. bizenza 148. forezanzan 437. fenz 215. men 157. 173. 496. menzu 420. stenc 81. 659. -um 8. 586. ædelstenca 195. strenzdu 625. lenctenne 254. unwemme 46.
Im sw. Vb.: cenned 639. âcenned 241. âcende 256. zeendad 500. fremmad 470. fremmendum 6. zefremmad 495. zefremede 650. ryhtfremmende 632. zlenzed 605. sendad 488. nemnad 397. wendan 191.
hl. Krz. ende 29. enzel 9. enzlas 106. -um 153. men 12. 128. menn 82. 93.

Im sw. Vb.: þencað 115. þenian 52. *onsended* 49.
Hð. bendum 61. *enzla* 17. *menzo* 25. 57. *wifmenn* 16.
Im sw. Vb.: ácendest 86. *sendan* 27.

c) vor r + Konsonanz:
ermðu An. 1164. *moldern* An. 803 (cf. *moldærne* Phön.
564). *herme* An. 671 (cf. *hearm* 1073. 1369. -a 1447. 1200).
ermðu Gû. 418. *moldern* hl. Krz. 65.

d) vor s + Konsonanz:
restan An. 1758. Gû. 184. *reste* An. 592. hl. Krz. 3. 64.
landreste An. 782. *wælreste* Gû. 1006.

e) vor f + Konsonanz:
eft An. 706. Gû. 361. Phön. 641. hl. Krz. 101 etc.

f) sonst:
An. *beteran* 588. 1090 (Gû. nur *betran*). *ezesa* 445. 532. -*an*
457. 806. 1268. -*lic* 1552. 1590. *wælerezesa* 435 (daneben
wæterezsa 375. Gû. und Phön. haben nur die syncop. Form,
das hl. Krz. erhält das *e* wie An. der Regel nach). *ezle* 441.
1150. 1451. *eczum* 71. *fremde* 892. *here* 1126. *herizes*
1158 etc. -*e* 1129. 1200. -*eas* 652. 1689. -*ea* 1503. *here-*
feldu 10. 18. -*mæzene* 586. 1652. *herizweardus* 1126. *hel*
1166. *helle* 1024 etc. *hellfûse* 50. -*cræftum* 1104. *trafum*
1693. *hete* 946. -*zrim* 1397. 1564. -*rôfra* 1422. *billhete* 78.
léodhete 112. 1140. 1151. *scyldhetum* 85. *nîdhetum* 836.
lifnere 1091. *mete* 366. -*es* 1115. -*léaste* 39. 1159. -*þearfendum*
136. *zemete* 1180. *mere* 283. -*es* 221. -*þisan* 257 (Btrge. X, 510).
-*bâte* 246. -*farode* 289. *sleze* 958. *dolzsleze* 1477. -*um* 1263.
zezusleze 1358. *sârslczum* 1277. *eolhstedas* 1644. *folcstede* 179.
wanzstede 990. *swelc* 25. *twelfe* 2. 855. 1421. *twelfta* 665.
secz 1227 etc. (10 mal).

Im sw. Vb.: ferizean 825. *ferizan* 292. *ferian* 347. *zeferian*
397. *ferede* 855. 908. -*es* 1365. *zeferede* 565. *zefercd* 1261.
beheled 792 (cf. El. 429. 831. *biheledne* Gû. 1327). *âhwettan* 303.
339. *hweted* 286. *herede* 820 etc. -*on* 875. *herizad* 722. *beleczan*
1279. -*ad* 1213. *zelettan* 508. 801. *zenerede* 1039. *reccan*
1491. *âreccan* 546. *seczan* 458. 648. 765 etc. *seczad* 681.
zeseczan 603. 624. *seczanne* 1483. *seczende* 951. *zesceddan*
919. *âswebban* 72. *âsette* 1706. *besette* 1435. *beseted* 945.

zesette 1649. zeseted 156. onstellan 973. zeteled 665. 1037.
teledon 1105. weccan 852. áweczan 503. werede 744. 1055.
wredede 523.
In den Verbalsubst.: hettend 31. herizende 657. nerizend 1288.
nerezend 291. 549. 1379. nerzend 923.
Gû. betere 751. betran 46. 188. 348. 626. fremde 35. ezsa 43.
-an 174. 310. eze 658. ezle 935. -um 376. ellen 1322.
-weorc 613. elne 129. eft 336. 659. 880. herze 583. herecirm 872.
-nisse 688. helle 640 etc. heldore 531. -warum 544. hellepezna
1042. hefiz 982. -ra 857. zemete 472. feorhnere 889. sele 714.
déadsele 1048. ealdorsleze 1234. sârsleze 198. burzstede 1291.
Im sw. Vb.: feredon 1280. hefizedon 929. herede 92. biheledne
1327. zelettan 330. nerzan 212. 525. seczan 465 etc. -ud
477. zeseczan 215. 676. sceddan 375. sceddendra 375. sellad
48. sette 406. -on 459. zescette 22. weredon 322. sárwered
1262. âwreded 295. nerzende 570.
Im st. Vb. Kl. VI: áhebban 1129. 1133.
Phön. ezsan 461. ezeslic 522. zârsccz 289. willsele 213. eard-
stede 195. beorhstede 234. mete 260. wedel 612.
Im sw. Vb.: zehefzad 153. herzad 541. 616. ámerede 544.
sceddan 180. 449. 595. sceiled 39. 88. sette 282. zesette 10.
beseted 297. biseted 304. biseted 530. seczad 313. 425. 655.
swedrad 608. -ad 229. âstelled 511. wecced 255. werede
596. nerzend 498.
Im st. Vb. Kl. VI: áhebbad 540. hefed 112.
hl. Krz. ezesa 86. ezeslic 74. elne 34. seczum 59. hefian 61.
Im sw. Vb.: zefetize 148. sceddan 48. Im st. Vb..: hebban 31.
Hö. helwaran 21. hellwara 123. herzad 123. seczan 83.

§. 4.

e = germ. e, got. i (ai).

Altes e findet sich:

1. Im st. Vb. Kl. III, IV, V.

An. beran 216. 1081. berad 1279. áber 958. æscberend 47.
1078. reordberend 419. brecun 223. 504. brecad 513. ábre-

can 150. sprecen 1624. sprecan 1317. sprece 732. swefan 834. 851. tredan 776. 803. formeltan 1148. wrecan 1182. wrecen 1550. bewrecene 269. Gû. beran 316. -ad 770. ôdberan 274. swefed 192. tredad 259. wefen 1325. âwrecen 11-7. 1260. weʒen 32. helpan 689. swelʒen 736. forswelʒan 164. Phön. brecad 67. âswefed 186. swelʒad 507. bitelded 273. hl. Krz. cwedan 116. sprecan 27. reordberend 3. berstan 36. Hö. berad 97. forbrecan 35. helmberendra 37.

2. sonst:

An. ʒebede 1029. federum 866 (in. Phön. 9 mal die syncop. Form) hreder 1020. hredre 69. helm 277. 623. 655. help 909 -e 91. 426 etc. nâdpleʒan 414. ʒâdpleʒan 1371. ʒesetu 1261. ʒesprec 577. spell 815. ʒodspell 12. lâdspell 1081. færspelle 1088. sefa 1253. -an 98. 1167. môdsefa 894. -an 554. 1211. stefn 739. 167 etc. -an 403. 1709. -um 722. 1056. hêahstefn 267. swezl 750 etc. swezeltorht 1250. -drêamum 720. þeʒn 43 etc. þeʒen 528. maʒuþeʒnas 1142. maʒoþeʒne 1209. maʒuþeʒne 94. ombehtþeʒnas 1536. duruþeʒnum 1092. weder 1258. -es 839. -burʒ 1699. -candel 372. wer 168 etc. -þeoda 543. -þeode 137. 573. weʒ 170 etc. bædwcʒ 513. fcornwreʒas 930. foldweʒ 776. 206. holmweʒe 382. well 887. welan 302. 318. -um 756. boldwela 103. -an 524. êadwelan 809. ârwelan 856.

Im Fremdworte tempel 667. 1636. temple 707.

Im sw. Vb.: helmade 1307. pleʒode 370. þeʒnodon 886.

Gû. ʒebedu 781. efne 946. efenswâ 564. help 655. -e 862. 894. hreder 910. 953. hredre 993 -loca 1237. sundpleʒan 1308. ʒesetu 1242. sefa 1021 etc. -an 441. brêostsefa 280. 306. môdsefan 932. seld (= setl) 557. stefnum 891. spellum 1134. spelbodan 11. ʒodspel 1088. lâdspel 1317. swezl 1304 etc. -drêamum 1098. -beorht 1187. -wuldre 1160. þeʒne 1087. ombehtþeʒn 973. mæʒenþeʒnes 1099. weʒ 70 etc. fordweʒ 773. dêadweʒes 964. moldweʒe 1012. monweʒ 482. lifweʒas 740. wer 79 etc. hûselweras 768. wedertâcen 1267. wel 512. 553. -an 358. êadwelan 1064. 1091. eordwelan 290.

Ferner in *fela* ¹) 30. 436. 509. 557. 844.
Im Fremdworte *temple* 975. 1122.
Phön. *fyrnzesetu* 263. *brêostsefa* 126. *stefn* 135. 542. *-e* 497. 542. *swezl* 212 etc. *spelboda* 571. *þezn* 165. 288. *-um* 388. *welan* 55. 149. *weldǽdu* 543. *êadwela* 251. *-um* 586. *londwelan* 505. *woruldwelan* 480. *weder* 18. 182. *-candel* 187. *êastwezum* 113. *sidwezum* 337. *wer* 349. *-es* 357. *-as* 331. *feðre* 145. *-um* 86 etc. (8 mal) *federhoma* 280. *haswizfeðra* 153. *fela* 387. 580.
hl. Krz. *môdsefa* 724. *stefne* 30. *þeznas* 75. *wez* 88. *fordweze* 125.
Hö. *fela* 47. 49. 70. *þezn* 55. *wez* 16.

§. 5.
i.

1. *i* = germ. *i*.
   a) Im st. Vb. Kl. I (Plur. Praet. & Part. Praet.):
An. *bidon* 1044. *bedrifene* 1496. *tôdrifene* 1428. *þurhdrifen* 1399. *onhliden* 1079. *belidenan* 1091. *bemiden* 858. *zescrifen* 788. *-e* 297. *beswicene* 746. *stizon* 429. *zewiton* 1596. *âwriten* 135. 149. 726.
Gu. *oferbiden* 518. *belidenne* 1312. *bimiden* 118. *scridun* 942. *scriden* 1012. *beswicene* 597. *witon* 38. *zewiten* 1339. *-e* 1107.
Phön. *zewiten* 97. *onhliden* 12. 49.
hl. Krz. *zebiden* 50. *þurhdrifan* 46. *bewrizen* 53. *-e* 17.
Hö. *beswican* 96.

   b) sonst:
An. *bitere* 33. *bitran* 1162. (Die Synkope lässt auf Länge schliessen). *bitterne* 616. (mit Länge anzusetzen des Metrums wegen, Siev. Btrge. X 496). *cirice* 1645. *ciricean* 1635. *frið* 174. 1036. *-es* 448. 1130 (Jul. 320) *-e* 622. *friðe* (Acc. zu *friðu* 917. 1434. ebenso *friðe* Gû. 281. Cri. 489. *freoðe* An. 1132; nicht umgelautet *frido-webba* El. 88. Vrgl. Umlt. §. 10, 2). *hider* 207. 1606. *-cŷme* 1318 (*hyder* 1026. *þyder* 252). *hwider* 405. *stize* 987. (Btrge. X, 508). *bilwitne* 999. *wlite* 1473. *wlitiz* 732 etc. *mæzwlite* 858. 1340. Im st. Vb.: *biddan*. Im sw. Vb.:

---
1) (Ueber das Eintreten des Umlauts in *fela* vergl. §. 9, 2.)

ʒewlitezad 543. ʒewlitezod 669. witod 891 (mit Umlaut 953. 1076. 1368). *Im Vb. pprs.*: *wiste* 261. *wite* 546. 603. *wiste* Gů. 976. 1203. 1313. -*on* Hö. 2. 12. *wite* Gů. 1221. -*on* Gů. 38. 61.
ů. *bitran* 846. *bittor* 958. *milde* 1080. -*es* 980. *friđe* 281. *friđ* 382. (*freođu-wcearđ* 14). *þider* 1017. *rûnwita* 1068. *wlite* 15. *mǽʒwlitas* 706. *wlitiʒ* 789. *wliteʒan* 1090. *witude* 890. lōn. *hidercyme* 321. *wlite* 382 etc. *wlitiʒ* 7 etc. -*e* 543. 598. -*an* 429. 666. -*ra* 122. -*um* 72.
n sw. Vb. ʒewlitiʒad 117.
j. *bitre* 65.
. Krz. *hider* 103.

2. Germ. *i* aus *ë* vor Nasal + Kons. und vor ursprünglich folg. *i, j* (Sievers §. 54).
Im st. *Vb.* Kl. III:
udan An. 1131. 1156 etc. -*est* An. 1351. *finđeđ* Gů. 50. *binđeđ* An. 519. Hö. 63. *onʒinne* An. 1442. *linnan* An. 1140. *besinʒan* Gů. 587. *sinʒeđ* Phön. 124. 140. -*ađ* Phön. 617. 635. Hö. 102. *sinne* Gů. 290.
In der 2. 3. sing. ind. praes. st. Vb. Kl. III, IV, V: *ebirsteđ* Phön. 568. *hwileđ* An. 495. *becwist* (mit Dehnung n. Folge von Ausfall des *đ* und Kontraktion) An. 193. 304. 418. *y* in *cwyđ* hl. Krz. 111. Dagegen *becwiđ* An. 210. (*swelʒeđ* Phön. 507. *biteldeđ* Phön. 273. *beređ* hl. Krz. 118). *ie* in *bieređ* Phön. 199.
Ferner in den st. Vb.:
ʒende hl. Krz. 24. *liʒid* Phön. 182. *liczad* An. 1428. ʒeliczađ An. 334. *þiczan* Gů. 96. 454. *þiʒeđ* Phön. 219. 259. 505. *sittan* Phön. 671. *siteđ* Gů. 419. ʒ*sittađ* 93. *besittad* An. 410. *þrymsittende* An. 886. -*es* An. 417. 528. -*um* Phön. 623. *burhsittendum* An. 1203. *hâmsittende* An. 686.
i aus *ë* vor folg. *j* in:
st An. 21. -*e* An. 153 (5 mal) Phön. 245. -*a* Gů. 434. *somwist* Gů. 1150. -*e* Gů. 941. *andwist* An. 1542. *ætwist* Gů. 471. *îđu* Gů. 612. 1070. *nida* An. 1379. *wiʒa* Gů. 972. 1006. Phön. 486. -*an* An. 1713. *wiʒend* An. 1055. 1205. -*ra* An. 506. 889. 898. 1452. *wiʒʒendru* An. 1097.

Altes *ë* vor Nasal zu *i* in:
blindnesse Gû. 600. *blinde* An. 581. *niman* Gû. 1051. 1346
nimeđ Phön. 485. *nime* Phön. 380. *brinʒe* Gû. 19. *ʒebrinʒađ*
Gû. 349. *ʒrim* An. 960. 1367. *-e* An. 1389. Gû. 519. Phön
461. *-ra* An. 1489. *heoroʒrimme* An. 31. *heteʒrim* An. 1397
1564. *wælʒrim* An. 1417 *ʒrimman* Gû. 543. *dimman* Ar.
1272. Gû. 1135. *-e* An. 1310.
wind An. 269. Phön. 182. *-as* An. 373. 452. 556. *windi*
Phön. 61. *windiʒe* An. 845.
Im Fremdwort: *ʒim* An. 1270. Phön. 117 etc. *ʒimmas* Gû. 1276
hl. Krz. 7. 16. *ʒimma* An. 1521. Phön. 289. *ʒimme* Phön. 92
303. *hêafodʒimme* An. 31.

3. *ie*, *i* und *y* aus *ë* nach Palatal:
a) *ie* findet sich:
GÛ. *ʒieddum* 1206. *ʒiefe* 71. 95 etc. (8 mal) *ʒiefena* 576. 737.
feorhʒiefa 1213. *sincʒiefan* 1326. *âʒiefen* 632. *ofʒiefan* 204.
448. *forʒiefan* 1106. *-e* 432. *ondʒietan* 83. *-ʒiete* 738
ʒielded 95. *-ađ* 435. *forʒieldan* 560. *ʒielpan* 210. *ʒielp*
cwide. *-lices* 138. *-licum* 390. *ʒiercian* 138. 390.
Phön. *ʒieddade* 571. *ʒiefe* 327. 557. 658. *wilʒiefa* 465. *of*
ʒiefan 441. *-ʒiefeđ* 426. *forʒiefen* 175. *beʒietan* 669. *on*
ʒietan 573. *ʒieltas* 461.
Hö. *wuldorʒiefa* 42.
b) *i* findet sich:
An. *ʒeômorʒidd* 1550. *lêodʒiddinʒa* 1481. *ʒife* 355. 388 etc
êadʒifa 74. 451. *blædʒifa* 84. 1419. *sincʒife* 1511. *wuldor*
ʒifum 940. *ʒifeđe* 489. 1068. *ʒifeđ* 1153. *âʒifan* 1418. –
ʒifen 296. *ofʒifan* 1657. *forʒilde* 387. *dêofulʒild* 1643
hædenʒildum 1104. *andʒit* 509. *ondʒitan* 1523. *onʒitan* 86
903 etc. *-ʒiten* 786. 899. *-ʒit* 938. *beʒitan* 480.
Gû. *onʒiten* 1180. *ʒescildan* 528. *ʒescilde* 428. *scilde* 375.
Phön. *ʒifeđ* 319. *forʒifeđ* 613.
c) *y* findet sich:
An. *ʒyfe* 755. *ʒystran* 854. *ʒescylded* 434. *-scyldend* 129
GÛ. *ʒyfl* 822. 1276. *âʒyfen* 752. *ʒyld* 737. *ʒyldan* 405. *ʒeʒylde*
442. *onʒyldan* 833. 1103. *ʒyltum* 432. *ʒylp* 634. *ʒescyldan* 21
Phön. *ʒyfl* 410. *ʒyfena* 624. *forʒyldan* 473. *ʒylte* 408. *scy*
308. 463. *ʒescylded* 180.
hl. Krʒ. *onʒytan* 18.

4. *y* aus *i* (cf. 2).
Nach *w* in *wylle* Gû. 565. hl. Krz. 1.
nyston An. 1090. *nyton* 746. *syb*[1]) 1015. *sybbe* 98. 358. 690 etc.
(Gû. *sibbe* 1146. 1236 etc. Phön. *sib* 622. *sibbe* 601.
Hö. *sibbe* 81). *mycel* 422. 816[2]) etc. (14 *y*, 5 *i*; *micel* 107.
158. -*micle* 1520. -*um* 122. 395). hl. Krz. *mycel* 130. 139.
mycle 123. 60 (*miclan* 65. 102. -*e* 34). *hyder* An. 1026.
þyder An. 282. *byð* An. 320 (cf. Sievers §. 427,₂ Anm. 3;
spätws. Form, beweist Kürze des *i*). *cwyð* hl. Krz. 111.
syzebearn Hö. 43. *merefysan* An. 446. *lyfað* An. 541.
syddan[3]) An. 33 etc. (4 *i*, 18 *y*; *siddan* 43. 180. 1108. 1225).
Phön. *siddan* 111. 409. 385. 577. 579. hl. Krz. *siddan* 49.
71. *syddan* 3. 142.
syndon An. 314 etc. (5 *y*, 1 *i*) *synd* An. 323. 745. *synt* 391
(*sint* 1406. 1427).
5. Es verhält sich *ie* (*y*) : *i* = 9 : 1 (Cri.) = 7 : 1 (Jul.)
= 0 : 31 nach Leiding. An. hat 36 *i*, 4 *y*; Gû. 3 *i*, 15 *y*, 30 *ie*;
Phön. 2 *i*, 8 *y*, 12 *ie*; hl. Krz. 1 *y*, Hö. 1 *ie*.

§. 6.
o.

1. *o* ist westgermanisch.
a) im part. praet. st. Vb. Kl. II, III, IV.
An. *boden* 1203. *áboden* 231. *zeboden* 219. *zeborene* 690.
zebrocen 1475. 1406. *zecoren* 324. *collenferð* 1580 (von
*cwellan). *zehrodene* 1451. *sinchroden* 1675. *behworfen* 1705.
belocen 164. *tölocen* 1406. *belorene* 1081. *forloren* 1425.
berofene 1086. *soden* 1241. *betolden* 990.
Gû. *áboden* 280. 694. *forbodene* 819. *ábrocen* 1341. *zebrocen*
393. *ódbroden* 826. *zecorene* 30. 709. *zecorenne* 977. *bidrorene*
873. *bifolene* 598. *biloren* 1143. 1301. *onlocen* 929. *binotene*
872. *scofene* 605. 828. *soden* 1046. 1123. *þurhtozen* 397.

---
1) Wir finden in An. nur *sybbe*, in Gû. Phön. Hö. nur *sibbe*. Nach Leiding in El. stets *y*, in Cri. und Jul. stets *i*.
2) An. hat 14 *mycel* gegen 5 *i*; hl. Krz. 4 *y*, 3 *i*; Gû. Phön. Hö. nur *i*. Nach Leiding in Cynewulf: El. 8 *y*, 2 *i*; Cri. und Jul. nur *i*.
3) An. hat 18 *syddan*, 4 *siddan*; hl. Krz. 2 *y*, 2 *i*; Gû. nur *i*, Phön. nur *i*. El. hat 13 *y*, 18 *i*; Cri. und Jul. nur *i*.

Phön. *forbodene* 404. *zebrocen* 80. 229. *brozden* 603. *zecorene* 541. 593. *bitolden* 555. 609.
hl. Krz. *bezoten* 7. 49.
b) sonst:
An. *bebod* 736. *édelbodan* 976. *mordorcofan* 1006. *drohtad* 313. 369. 1387. 1541. *folc* 635 etc. *-lozan* 8. 1460. *zod* 14. 76 etc. *-fyrhte* 1518. *-fyrhtne* 1024. *-spell* 12. *zold* 301. 338. *-e* 1510. *-burz* 1657. *hold* 550. *holma* 195. *-e* 396. 429. *ofost* 1567. *-lice* 1627. *ofstlice* 299. 793. *open* 760. 804. *opene* 1078. *morzene* 221. *spor* 1182. *word* 569 etc. *-cwidum* 1449. *-hord* 316. 601. *-latu* 1524. *hospword* 1317. *léodworda* 1490. *wolcnum* 93. 839. 1048.
Im sw. Vb.: *drohtizen* 682.
Gû. *bibod* 779. *bebodu* 5. 815. *æbodan* 909. *spelbodan* 11. *wilboda* 1220. *bold* 111. *-es* 55. *brosnunz* 800. *costunz* 409. *þeostorcofan* 1168. *folc* 256 etc. *-toza* 874. *zodes* 11. 1298. *zodspel* 1088. *holde* 251. *ofer* 282 etc. *ofestum* 1270. *ofestlice* 1301. *ofostlice* 1174. *orde* 503. *morzne* 1192. 1217. *word* 747 etc. *wolcnum* 1254.
Im sw. Vb.: *znornende* 651. 1182. 1353.
Phön. *zebod* 68. *heolstorcofan* 49. *spelboda* 571. *dohtrum* 406. *drohtad* 416. *folc* 316 etc. *hold* 446. *holt* 81. *-es* 429. *-wuda* 171. *wuduholt* 34. *-um* 362. *zod* 36 etc. *ofestum* 190. *open* 11. *-an* 509. *word* 398 etc. *lyzewordum* 547. *wolcen* 61. 184, *wolcnum* 27. 247.
Im sw. Vb.: *drohtad* 88. *brosniad* 38. *zebrosnad* 270.
hl. Krz. *folc* 140. *zod* 39. *holtes* 29. *ofer* 91. *opene* 47. *word* 27. 35. *-um* 97. *wolcnum* 53.
Hö. *dohtor* 10. *zodes* 11. 32. 50. *open* 19. *nidlocan* 64. *wordum* 58.

2. or- gleich got. ahd. *us*-, resp. *-ur*-:
An. *orcnáwe* 771. *-feorme* 406. 1609. *-zete* 1168. *-mæte* 1168. *-leze* 47. 1148. 1207.
Gû. *óretta* 147 (mit Dehnung durch Schwund von nachfolg. *h*). *-oród* 997. 1228 (*uz-anþ; Blrge. X, 506). *-sáwle* 1167. *-wênan* 599. *-wênnysse* 547.
Phön. *orþoncum* 304.

§. 7.
u.

1. *u* = westgerm. *u*.
   a) im praet. und part. praet. st. Vb. Kl. III, sowie im praet. st. Vb. Kl. II.

An. *blunne* 1382. *ábruʒdon* 867. *tóbruʒdon* 159. 1529. *ʒebundon* 1224. *ʒebunden* 1381. *-e* 580. 949. *crunʒe* 1033. *curon* 404. *curen* 1611. *druron* 997. *fluʒon* 1548. *fundon* 1078. *ʒefrunan* 1. *ʒullon* 127. *ʒurron* 374. *onʒunnon* 764. *-ʒunne* 1421. *forʒrunden* 413. *ʒrundon* 373. *hluton* 1104. *hruron* 1602. *lucon* 1260. *rudon* 1005. *sunʒon* 879. *swulʒon* 710. *swulton* 1532. *swunʒon* 966. *swunʒen* 1248. *þrunʒon* 126. 1205. *ʒeþrunʒen* 992. *ʒeþunʒen* 528. *bewunden* 19. 58. 267. 535. 773. *wurdon* 376 etc. *wurdan* 1621. *-e* 156 etc. *ʒewurde* 550. *ymbicurpon* 1555.
Gû. *bude* 887. *budon* 716. *bruʒdon* 878. *burʒun* 702. *druʒon* 86. *fluʒon* 799. *fundon* 600. *ʒefrunen* 1334. *onʒuldon* 829. *ʒulpon* 236. *onʒunnon* 541. *-ʒunnen* 953. *ʒutan* 1206. *ʒelumpe* 165. *sunʒon* 1289. *tuʒe* 325. *oftuʒon* 438. *ʒeþrunʒen* 906. *oferþunʒe* 402. *wunne* 100. *wurde* 752. *-un* 152. *-on* 605.
Phön. *ʒeclunʒne* 226. *ʒefruʒnen* 1. *forʒrunden* 227. *onʒuldon* 410. *tuʒon* 440. *biþrunʒen* 341. *ʒeþunʒen* 160. 449. *urnen* 364. *biwunden* 666.
hl. Krz. *curfon* 66. *ʒefrunon* 76. *onʒunnon* 65. *bewunden* 5.
Hö. *ʒebunden* 65. *fundon* 8. *onʒunnon* 1. *þrunʒon* 42. *oferwurpe* 133.
Im *Vb. pprs.*: *duʒe* 355. *þurfan* An. 337. *-un* Gû. 645. *-e* Gû. 730.

   b) sonst:

An. *burʒ* 111. *burh* 984. 1122. 1543. *burʒum* 78 etc. *burʒʒeatum* 842. *-locan* 942. 1040. 1067. *-ware* 1585. *-waru* 1096. *-um* 184. 209. 718. *burhsittendum* 1203. *-wealle* 835. *-weardes* 660. *ʒoldburʒ* 1657. *winburʒ* 1639. *duru* 1001. 1077. *-þeʒnum* 1092. *hlindura* 995. *duʒuð* 152 etc. (7 *uð*, 9 *oð*). *lust* 286. 294. 303. *-e* 142 etc. *mundbyrd* 724. *sunu* 1313 etc. *-a* 681. 691 etc.
Gû. *burʒ* 784. *-um* 855. 1340. *-salu* 1258. *-salo* 1305.

-*stede* 1291. *duru* 964. *duʒuđa* 1034 etc. (4 *ud*, 2 *eđ*) *duʒedum* 865. 1071. *fultum* 160. *lust* 318. -*um* 495. *firenlustas* 775. *mundbyrd* 156. *sunu* 369.
Phön. *burʒum* 389. *duru* 12. *duʒuđa* 494. -*eđa* 454. *fultum* 390. 455. 646. *sunu* 375. -*um* 406.
hl. Krz. *sunu* 150.
Hö. *burʒ* 18. 129. -*e* 35. -*ʒeatum* 38. -*waran* 134. *mǽʒburʒ* 91. *duru* 53.

2. *u* = westgerm. *o* vor Nasal.

An. *cuman* 784. -*e* 1487. -*en* 41. 882. 1167. 1586. -*enra* 24. *becuman* 931. *fruma* 226. 556. -*an* 1487. *frumbearn* 1296. -*ʒáras* 1070. -*rǽdenne* 147. -*sceafte* 798. -*weorca* 805. *dǽdfruma* 1457. *léodfruma* 991 etc. *léohtfruma* 387 etc. *liffruma* 562. *éadfruma* 1293. *ʒuma* 1119. -*an* 1518. -*ena* 20. 61 etc. *ʒumcystum* 1608. *numen* 1342. *wunian* 1312. 1699. *wuniʒean* 803. *ʒewunian* 279. 1663. *wuniʒe* 99. 947. 1220. *wuna* 1674. *wuniađ* 101. *wunade* 163. -*ode* 1264. — *edon* 131. 870.
Gû. *cuman* 337. 749. 924. *fruma* 745. 795. -*an* 955. 961. *frumbearn* 1044. *ʒuma* 6. -*ena* 466. 1177. 1336. *wunian* 331 etc. *wunađ* 687 etc. *wuniađ* 52 etc. *ʒewunade* 108. *benumene* 597.
Phön. *cuman* 91. *fruma* 377. -*an* 328. *léodfruma* 345. *ʒuma* 570. *wunian* 363 etc. *wunađ* 82 etc. *wuniađ* 609 etc. *ʒewunien* 481. *binumene* 488.
Im Fremwort: *muntas* 21.
hl. Krz. *cumen* 80. *ʒuman* 49. 146. *wunian* 121. 143. *wuniađ* 135. *wunedon* 3. 155.
Hö. *cuman* 51. *wilcuman* 58. *fruma* 29. 41. *ʒumena* 2. *ʒewunadest* 100.

3. westgerm. *u* für zu erwartendes *o*.

An. *fuʒole* 497. *fulwihte* 1632. -*es* 1642. *ful* 496. *furđum* 798. *furđur* 1352. *walwulfas* 149. *murn* 99. -*ende* 1669. *bemurndan* 37. 154. *lufan* 164. 431. 1065. -*ode* 597. -*odon* 870.
Gû. *fuʒla* 715. 889. *tréo-fuʒla* 707. *fulle* 176. *lufan* 1146. *lufian* 592. *lufu* 9. 741. 937. 1162. *murnende* 401. *bimurnađ* 101. *ufan* 584. 909. 931. -*cundes* 1097. -*cundne* 658. 1216.

Phön. *fuʒel* 86 etc. (16 mal) *fuʒles* 125. *-e* 328. *-as* 315. 591. *-a* 155. 159. 330. 335. *fuʒelas* 352. *ufan* 308. *ufeweard* 299. *lufiað* 478.
Hö. *ful* 30.

§. 8.
Der Umlaut von *u*.

1. *y* ist der Umlaut von *u*.
   a) nach *c*.

An. *cynn* 560. 1521. 1612. *-es* 545 etc. *-e* 567. 758. *mancynn* 947. 1504. *-es* 69 (5 mal). *manncynnes* 357. 1296. 1467. *enʒelcynna* 717. *cynebearn* 566. *cyncróf* 484. 485. *cynestóle* 666. *cyninʒ* 120 etc. *ædelcyninʒes* 1681. *héahcyninʒ* 6. *heofoncyninʒes* 92 etc. *þrýdcyninʒ* 436. *wuldorcyninʒes* 802. *ʒumcystum* 1608. *cyston* 1018. *Im st. Vb.: cymed* 512.

Gû. *cynn* 282. *cyn* 889. *cynnes* 793 etc. *cynne* 655. *moncynne* 169. *cyninʒ* 654 etc. *heofoncyninʒes* 589. 779. *sweʒelcyninʒ* 1055. *wuldorcyninʒes* 568. 765. 821. *ʒecyndu* 15. *cyst* 825. *cymed* 481. 1324.

Phön. *cynn* 159. 335. *cyn* 330. *cyneʒold* 605. *-þrym* 634. *moncynnes* 176. *cyninʒ* 344 etc. *héahcyninʒ* 129. 446. *sóðcyninʒ* 493. *wuldorcyninʒ* 196. 420. *ʒecynd* 252 (5 mal). *uncyste* 526. *cymed* 222. 366. 484. 508.

hl. Krz. *cyninʒ* 44. 133. *mancynnes* 33. *cyst* 1.

Hö. *cyninʒ* 85 etc. *moncynnes* 33. *cyne* 74. *þrymme* 51.

b) vor *ʒ*.

An. *hyʒe* 36 etc. *-rófne* 1007. *-ʒeômor* 1089. 1559. *-þancol* 341. *-þances* 818. *oferhyʒdum* 319. *ʒâstʒehyʒdum* 863. *bréostʒehyʒdum* 999. *ʒehyʒd* 1462. *-o* 68. 200.

Gû. *hyʒe* 37. 1310. *-rôf* 926. *-ʒeômre* 857. *-sorʒe* 982. 1178. *-snottor* 1082. *oferhyʒdum* 606. 633. *-u* 240. *ʒehyʒdum* 444. *flyʒe-réowe* 320.

Phön. *hyʒe-ʒǽlsa* 314. *ʒehyʒdum* 459.

c) vor *h* + Konsonanz.

An. *dryhten* 5 etc. *-dôm* 1001. *siʒedryhten* 60. 1455. *-ne*

879. *winedryhten* 921. *willzedryht* 916. *flyhte* 866. *hyht* 481 etc. *-licost* 104.

Gû. *dryhten* 25 etc. *mondryhten* 980. *winedryhten* 984. *hyht* 142 etc.

Phön. *dryhten* 138 etc. *ʒedryht* 348. 615. 635. *wilʒedryht* 342. *flyhte* 123. 340. *flyhthwate* 145. *-es* 335. *hyht* 423. 481. *-lice* 79.

hl. Krʒ. *dryhten* 101 etc. *hyht* 126.

Hö. *dryhten* 31. 70. *siʒedryhten* 111.

d) sonst.

An. *bryne* 616. *brytta* 823. *byriʒ* 40. 287 (5 mal) *winbyriʒ* 1674. *mundbyrd* 724. *-e* 1435. *drync* 22. 313 etc. *drype* 1219. *ʒodfyrhte* 1518. *hryre* 229. *hyldo* 389. *ʒehyld* 117. *hysse* 550. *hyse* 595. 812. *-beordor* 1144. *lyft* 828. *-e* 420. 868. 1544. *ʒemyndum* 962. *weordmyndum* 907. *ʒemyndiʒ* 161 etc. *módʒemynd* 688. *upʒemynd* 1066. *synn* 1424. *-ra* 958. *synniʒ* 923. *synniʒe* 565. 710 etc. *synfulle* 765. *-fulra* 989. *scyldhâtan* 1049. 1149. *-hetum* 85. *scyldiʒe* 1218. *unscyldiʒ* 1139. *snyttra* 631. *-um* 646. *swylt* 996 etc. (cf. *swilt* 1350. El. 677). *-cwale* 156. *þrym* 8 etc. *cyneþrym* 1324. *hilteþrymme* 1034. *heofonþrymme* 481. 1722. *wuldorþrymmes* 325. 702. *módʒeþyldiʒ* 983. *wynn* 889 etc. *wyrd* 613 etc. *forwyrd* 1620. *wyrhta* 325. 702. *ʒewyrht* 1027. *-um* 1182 etc. *ymb* 157 etc. *ymbe* 843. 873. *ymbscán* 1019. *yfel* 695.

Im sw. Vb.: *bryttode* 755. *ʒebysʒod* 395. *dynede* 740. *fylde* 523. *ʒefylde* 1667. *âfyrhted* 1531. *hycʒad* 1614. *stîdhycʒendum* 742. 1431. *widerhycʒende* 1074. 1174. *ʒehyrsted* 45. *hrysedon* 127. *hyspan* 676. *oflysted* 1114. 1228. *styredon* 374. *ʒeypped* 1225. *þynced* 472. 609.

Im st. Vb.: *cymed* 512. *hlymmed* 392.

Im Vb. pprs.: *scyle* 77. *myned* 294.

Gû. *bryne* 545. *brynewylm* 644. *byriʒ* 1164. *mundbyrd* 853. *bysʒu* 686. *-um* 1083. *drync* 840 etc. *dryre* 801. *frymda* 792. *ʒryre* 543. *blódʒyte* 276. *hryre* 801. 1065. *lyft* 117 etc.

lyre 801. *ʒemynd* 445. *-iʒ* 1268. *ʒemyndʒe* 60. 417. *weordmyndu* 434. *myrcelse* 429. *scyld* 449. *-um* 605. *-iʒra* 175. 477. *ʒodscyldʒe* 834. *færscytum* 157. *synna* 84 etc. *synwræce* 832. *swylle* 823. *swyltcwale* 533. *snyttru* 444. *-o* 134. *-cræft* 1101. *ʒesynta* 303. *þrym* 618 etc. *-cynne* 1230. *héahþrym* 1298. *ʒeþyldum* 886. *-iʒ* 572. *wyn* 652. 1338. *wynn* 1081. *wynlic* 796. *-sumra* 1295. *-duʒum* 604. *wyrd* 1030. 1319. *-stafum* 1325. *ʒewyrhtum* 41. *ǽrʒewyrht* 960. *-um* 1052. *wyrmes* 818. 883. *ymb* 85. 709.

Im Fremdworte; *mynsterum* 387 (*u* = *o* vor Nasal).

Im. sw. Vb.: *byszade* 990. *ʒebyszad* 985. 1109. *fyllan* 994. *ʒefylled* 625. .1291. *áfyrhted* 1300. *ʒehyczan* 18. *-ad* 436. *behyczan* 1323. *déophyczende* 1085. *widerhyczende* 635. *scyhte* 98 (wohl zu *scucca*, Siev. §. 407, 8). *scynde* 1305. *trymman* 1089. *trymed* 333. *-ede* 78. 151. 933. *-edon* 104. *tydran* 729. *-ad* 1239. *ʒewyrce* 271.

Im Vb. pprs.: *scyle* 995. *myncd* 1061.

Phön. *unbryce* 642. *bryne* 229. *byriʒ* 475. 488. 633. *dryre* 16. *frymd* 637. *-e* 84. *-a* 630. 223. *hlyst* 143. *hryre* 16. *hlyn* 135. *lyft* 101 etc. *synn* 54 etc. *swyltcwale* 369. *-hwíle* 350. 566. *tyrf* 349. *édeltyrf* 321. *wynn* 70. *wyn* 12. 348. (4 mal). *-sumu* 65. *wyrhta* 9. 130. *wyrm* 232. *wyrta* 465 etc. *yfle* 594. *ymbe* 164 (sonst nur *ymb*). *ymbhwyrft* 43. *-féhd* 276. *þrym* 41 etc. *-lice* 68.

Im sw. Vb.: *cnysed* 59. *ʒebyszad* 428. *ʒefylʒan* 347. *forhycʒe* 552. *wyrced* 451. *ʒewyrced* 469. *ʒewyrtad* 543.

Im st. Vb.: *ymbseted* 204.

hl. Krz. *bryne* 149. *mundbyrd* 130. *lyft* 5. *synnum* 13. 99. 146. *þrymfæst* 84. *wynnum* 15. *wyrd* 74. *-a* 51. *ealdʒewyrhtum* 100.

Im sw. Vb.: *astyred* 30. *wyrcan* 65.

Hö. *hyldo* 67. *ʒemyndiʒ* 77. *synne* 96. *þrym* 30. *mæʒenþrym* 22. *wyn* 18. *ymb* 25. *-fón* 115. *-stondad* 124.

Im sw. Vb.: *oflyste* 81.

2. *i*¹) ist der Umlaut von *u*.

An. *cirebealdum* 171. *hiʒe* 634. 973. 1215. 1656. *-blide* 1693. *rôfe* 1056. *oferhiʒdum* 1320. *hiht* 287. *first* 147. *drihten* 73. 173. 248. 698. *swilt* 1350.

Gû. *þriced* 256 (cf. *forþryced* 1171).

Hö. *biczan* 68. (*byczad* Gû. 47).

§. 9.
éa (eá).

1. *ea* ist Brechung von *a*.
   a) vor *l* + Konsonanz.

An. *beald* 602. *cirebealdum* 171. *bealuwe* 949. *þeodbealo* 1138. *ceald* 1214. *-um* 1262. *wintercealdan* 1267 (cf. §. 1, 2 a). *cwealm* 281 etc. *dealle* 1099. *eald* 1333 etc. *-ʒesida* 1106. *ealdormenn* 608. *-sâcerd* 670. Im Präfix *eal-* (cf. §. 2, 1 e). *efencaldum* 553. *caldres* 1134. *-e* 1139. 1326 (*aldre* 940. 1353). *fealuwne* 421, *fealone* 1540. *fealewe* 1591. *ʒealʒan* 968. 1329. 1411. *ʒealʒmôde* 32. 553. *healfe* 1065. *healfum* 578. *heofonhwealfe* 545. 1504. *scaronettum* 945. *lindʒesteallan* 1346. *wuldorʒestealda* 1688. *sealte* 196. *-es* 1534. *scealcum* 512. *ʒewealc* 259. *wealdend* 248 (5 mal). *-es* 576. *ʒeweald* 518 etc. *âehtʒeweald* 1112. (*ealwealda* 752. 927). *-an* 1622. *eallweealdan* 205. *weallas* 845. 1555. *wealle* 726 etc. *burhwealle* 835.

Im st. Vb. Kl. III: *swealʒ* 1278. *forswealʒ* 1592. *befealʒ* 1328. Im redupl. Vb.: *ʒehealdan* 213. *hralde* 336. 917. 1434. *-ad* 1407. *-ende* 1576. 1711. *ʒewealdan* 1367.

Im sw. Vb.: *cwealde* 1626. *sealde* 577. 1515. *ʒesealdon* 432. 1618. *ʒeseald* 646. 911. 1437. *ʒetealde* 885.

Gû. *beald* 998. *-or* 1332. *bealonid* 781. *dryhtenbealu* 1323. *cwealm* 195. 830. *-es* 194. *feorhcwealm* 887. *ealdre* 608. 1202. *-es* 391. *ealdorleʒe* 1234. *-ʒewinnum* 505. *ealdfeond* 336. *ealdfiondes* 174. *-a* 112. *moniʒfealdran* 1221. *healfa* 104. *ʒewealdum* 386 etc. *onweald* 453. 1075. *-an* 610.

---

1) Anm. Cri. und Jul. haben stets *y* (mit Ausnahme von *hiʒeʒlêawe* Cri. 1194), ebenso wie Phön. Hö. und Gû. (mit einer Ausnahme). Nach Leiding hat El. 7 *hiʒe*, 1 *ʒehiʒd*. An. hat 6 *hiʒe*, 1 *oferhiʒdum*, 1 *hiht*, 4 *drihten*, 1 *first* (sonst immer *fyrst*), 8 *hyʒe*, 6 *ʒehyʒd*.

Im redupl. *Vb.*: *feallan* 254. *healdan* 5. 1237. *-eð* 220. 281. *-að* 60 etc. *-un* 814. *-en* 26. *bihealdan* 787. *ʒehealdan* 1031· *wealdan* 674. 1132. *ʒewealdan* 989. 1199. *weallan* 1030. *-ende* 587.
Im sw. *Vb.*: *ealdað* 14. *sealde* 71. 83. 328. 444. *-on* 384. *ʒeseald* 756.
Phön. *beald* 458. 550. *bealosorʒe* 409. *cwealm* 642. *deal* 267. *ealdre* 40. 83. 562. *ealdor* 487. *-dôm* 158. *ealdum* 238. *ealdfêondes* 401. *-cýððu* 435. *cýððe* 351. *fealwe* 311. *fealo* 218. *healfa* 206. 336. *sealte* 120. *wealdas* 13.
Im st. *Vb.* Kl. III: *áʒeald* 408.
Im redupl. *Vb.*: *healdan* 399. *-eð* 457. *-að* 391. *bihealdan* 90. 114. *ʒehealdan* 45. *feallað* 74. *weallende* 477.
hl. Krz. *bealuwra* 79. *ealdor* 90. *ealdʒewyrhtum* 100. *ʒealʒa* 10. *-an* 40. *ʒealʒtréowe* 146. *healfe* 20. *wealdes* 17. *wealdend* 67. 111. *-es* 52. *-e* 131. *ʒeweald* 107. *amcealda* 153.
Im st. *Vb.* Kl. III: *bedealf* 75. Im redupl. *Vb.*: *feallan* 43.
Hö. *bealdlice* 56. *bealuclommum* 65. *ealdfind* 89. *huʒosteald* 21. *ʒeweald* 127. *weallas* 34.
Im sw. *Vb.*: *ʒesealdest* 72.

b) vor *r* + Konsonanz.

An. *bearn* 409 etc. — 360. *-um* 1330. *cynebearn* 566. *frumbearn* 1296. *ʒodbearn* 640. *þrýðbearn* 494. *bearwas* 1450. *earfcðo* 1488. *earfoðlice* 514. *-siða* 678. *earfeðsiðas* 1285. *earme* 677. 1016. *-ra* 745. *-lic* 782. 1137. 1557. *-sceapen* 1131. 1347. *earh* 1333. *-fare* 1050. *earnas* 865. *eard* 176 etc. *middanʒeard* 161 etc. *ʒearu* 72 etc. (8 mal). *ʒearo* 234. *ʒearwe* 1371. *ʒearwor* 934. *fâmiʒheals* 497 (cf. *hals* Phön. 298). *heard* 233 etc. *-ne* 740. *-e* 18. *-ra* 1472. 1493. *-um* 954. 1259. *-ran* 1404. *-lic* 1553. *ecʒheard* 1183. *ellenheard* 1256. *scûrheard* 1135. *þrohtheard* 1266. *-e* 402. *-ne* 1393. *hearm* 1073. 1369. *-a* 1200. *-cwide* 79. 561. *léoð* 1129. 1344. *-locan* 95. 1031. *mearchand* 19. 803. *fyrstmearce* 133. *fyrstʒemearces* 993. *leôdmearce* 286. 778. *þinʒʒemearces* 148. *mearcpaðu* 789. *-e* 1063. *sǽmearh* 267 (mit Dehnung in *méarum* 1098). *nearu* 414. *nearonêdum* 102. *searwe* 1350. *searwum* 1398. *searowum* 746. *ʒûdsearo* 127 searuhæbbende 1530. -þancle 1163. searocræft 109. -hæbbendra 1470. -net 64. -nettum 945. -þancum 1257. scearp 1135. þearf 1697 etc. metcþearfendum 27. 136. winepearfende 300. þearle 1117. -ra 1600. þearlic 1138. weard 52 etc. andweard 784. -ne 1226. burhweardes 660. herizweardas 1126. holmwearde 359. innanweard 647. lidweardas 244. scipweardas 297.

Im st. Vb. Kl. III: swearc 372. ʒehwearf 694. 1105. weard 90 etc. ʒeweard 307. 805.

Im sw. Vb.: hwearfian 893. ǎmearcod 724. -e 751. weardiʒan 599. -ad 176.

Im Vb. pprs.: dearst 1352 und im Vb. subst.: eart 1190 etc.

Gū. bearn 401 etc. frumbearn 1044. hūsulbearn 531. bearwe 119. 400. dearninʒa 1226. earm 425 etc. earfeđe 1038. -a 196. 1329. -um 403. 528. card 869 etc. -rica 825. upeard 1051. wiceard 907. ʒeard 763. 1241. -um 1194. middanʒeard 472 etc. ʒearu 1148. -o 263. unʒearo 263. ʒearwe 60. 696. ʒearone 885. heard 147 etc. hearmstafas 200. hwearfum 234. fēdehwearfum 162. mearclond 145. fyrstʒemearces 1009. ʒeárʒemearces 1215. talmearce 849. nearwc 986. 1183. -um 511. 1126. nearone 570. searo 822. -cræftum 112. 540. 641. -cáʒum 1118. swearte 597. 639. weard 76 etc. andweard 1056. freoduweard 143. innanweard 1294. tōweard 85. þearf 726 etc. -ende 1321. þearfendlic 402. þearl 951. -e 951. wearm 1267.

Im st. Vb. Kl. III: ʒespearn 1308. swearc 1025. 1253. weard 124 etc. ʒeweard 64.

Im redupl. Vb.: weaxed 220.

Im sw. Vb.: weardian 1312. -ade 869. 1102. eardien 26. earniađ 767. ʒearwad 71. 774. ʒeʒearwad 662 [1]).

Im Vb. pprs.: þearf 17. 253. Im Vb. sbst.: eart 551.

Phön. bearn 396. bearo 67. bearwes 122. 148. bearwe 432. -as 71. sunbearo 33. wudubearwes 152. -e 169. eard 87 etc. -stede 195. -wic 441. cardinʒa 673. earme 442. -um

---

1) cf. § 53. Ws. ʒierwan, nach Kl. I; north. ʒearwia, nach Kl. II.

453. *earnes* 235. ʒeardum 355. 578. 647. *middanʒeard* 4 etc. *hearda* 58. 613. *hearmra* 441. *hearpan* 135. *fyrstmearce* 223. *neurwe* 413. *scearplice* 168. *stearc* 302. *searo* 419. *searwum* 269. *searolice* 297. *þearlic* 644. *wearm* 18. 187. *weard* 152. *forweard* 291. *forðweardne* 569. *hindan-* 298. *niodo-* 299. *ufe-* 299. *yrfeweard* 376.
Im st. Vb. Kl. III: *weard* 404 etc.
Im redupl. Vb.: *weaxed* 234.
Im sw. Vb.: *earnad* 484. ʒearwian 189. *mearciad* 333. ʒemearcad 145. ʒemearcad 318. *weardad* 85. 161. 168. 172. *weardiad* 448 (cf. *weardiʒad* An. 176). *wearniad* 213.
hl. Krz. *bearn* 83. *earme* 66. *-ra* 19. *middanʒeard* 104. *heardost* 87. *þearle* 52. *weard* 91.
Im sw. Vb.: ʒeearnad 109. Im Vb. pprs.: *þearf* 117.
Hö. *siʒebearn* 11. 32. 43. 50. *middanʒeard* 137. *heard* 7. *-e* 86. *nearwe* 64. *þearfe* 113.
Im Vb. sbst.: *eart* 76.

c) vor *h* + Konsonanz und vor silbenschliessendem *h*.
An. *hleahtre* 1705. *leahtrum* 1297. *unweaxne* 1629.
Im st. Vb.: *beseah* 1448. ʒescah 493. 499. 1494. 1692. (6 ʒeseh.)
Im Vb. pprs.: *meaht* 211. 340. *-e* 272. 924. 931. 1325. *-on* 1226. 1233.
Im sw. Vb.: *eahtiʒan* 1164.
Gû. *breahtem* 1259. *breahtme* 1299. *-a* 882. *breahtm* 233. *eahtedan* 1010. *hleahtor* 200. *leahtor* 1045. *leahtra* 804. 920. 1162. *leahtorlease* 1060. *meaht* 853. 856. 898. *-e* 384. *-a* 156. 640. (cf. *mihta* 1131.) *-um* 211. 667. *meahtiʒ* 760. 1227. ʒeneahhe 669. 691. ʒeþeahtinʒum 618.
Im st. Vb.: *biseah* 1267. *forseah* 67. ʒeseah 684. 1026.
Im redupl. Vb.: *weaxed* 220.
Im Vb. pprs.: *meaht* 988. *-e* 329. 404. 457. 548. 1082. *-es* 440.
Im sw. Vb.: *eahtan* 317. *-ed* 59. *-ade* 307. Mit Rückumlaut in *reahte* 131. ʒereahte 106. 131. (cf. § 13,2a. ʒerehte 67.) ʒeþeahte 1189. *biþeahte* 1004. 1351.
Phön. *breahtme* 134. *leahtra* 518. *-as* 456. *meaht* 6. *-e* 617. *-a* 640. *-um* 10. 79. 499. *meahta* (Adj.) 377. *-iʒ* 538. *tirmeahtiʒ* 175.

Im redupl. Vb.: *weareð* 232. *áweaxen* 265. *biweaxen* 310.
Im Vb. pprs.: *meahten* 573. ·
Im sw. Vb.: *þeahte* 42. *biþeahte* 490. 605. *áweaht* 367.
hl. Krz. *eaxlum* 32. *eaxlezespanne* 9. *meahte* 18.
Im st. Vb.: *zeseah* 14. 21. 33. 36. 51.
Hö. *Im st. Vb.*: *zefeah* 88. *zeseah* 50. 53. *Im Vb. pprs.*[1]): *meaht* 115. 116. *Im sw. Vb.*: *biþeaht* 3. *beþeahte* 55.

2. *ea* ist Umlaut von *a* vor Konsonanz + dunklem Vokal. (Dieser Umlaut ist in der ws. Prosa sehr selten; vermutlich sind alle diese *ea* aus anglischen Vorlagen übernommen; Siev. § 105 Anm.)

An. *beaduwe* 984. *beadowe* 1188. *beaducræft* 219. *-ewealm* 1704. *-rôfe* 850. *-rôfne* 145. *-rôfum* 96. *-lâce* 1120. *-wanze* 413. *cearezan* 1110. *lifcearo* 1430. *eafod* 30. *eafedum* 142. *eaforan* 1112. 1629. *-um* 780. *heafolan* 1144. *headolidendum* 426. *-wælme* 1544.
In *feala* steht *ea* für *eo* als *u*-Umlaut für *i*; es findet hier wahrscheinlich Anlehnung an *feawa* statt, cf. Siev. § 105,2.
An. hat 11 *feala*, hl. Kreuz 3 *ea*. Gû. dagegen hat 4 *fela*, Phön. 2 *e*, und Hö. 3 *e*, kein *ea*.
Nach Leiding haben Cri. und Jul. stets *e*, El. stets *ea*.
Ebenso steht *ea* für *eo* als *o*-Umlaut von *ë* in *teala*. An. 1614.
Gû. *cearum* 194. *môdcearu* 166. *-e* 549. 983. *sorzcearu* 939. *cearfulle* 549. *ceurzesta* 364. *hrêowceariz* 1026. *eaferum* 827.
Phön. *beaducræftiz* 286. *eaferum* 405. *headorôfes* 228. *heafelan* 604.
hl. Krz. *hrêowceariz* 25. *feala* 50. 125. 131.

---

1) Wir finden in unsern Dichtungen: Im Subst. hat An. stets (19mal) *miht*; hl. Krz. 1 *meaht*; Gû. 1 *miht*, 8 *meaht*; Phön. 5 *ea*. Im Vb. pprs. hat An. 8 *ea*, 19 *i*; hl. Kr. 3 *i*; Gû. 7 *ea*; Phön. 1 *ea*; Hö. 2 *ea*. Im Adjekt. hat An. 4 *mihtiz*; hl. Krz. 1 *mihtiz*; Gû. 2 *meahtiz*; Phön. 2 *meahtiz*, 1 *mihtiz*. Ferner hat An. 8, hl. Krz. 6, Gû. 7, Phön. 5 *ælmihtiz*; Cri. hat 1 *ælmeahtizne* 759. Leiding stellt für Cynewulf fest: El. hat stets *miht* gegen stets *meaht* in Cri. und Jul.; *meahtiz* findet sich in Cri. 3mal, in Jul. 1mal gegen sonst *i*. Es scheiden sich An. und hl. Krz. von Gû., Phön. und Hö., ebenso wie El. von Cri. und Jul.

3. *eá* nach ʒ', *c'* und *sc'* durch Verwandlung des primären Palatalvokales *æ*.

a) nach ʒ'.

An. *burʒʒeatum* 842. *weallʒeatum* 1205. *ʒeador* 1099¹). 1629. *Im st. Vb.* Kl. V: *áʒeaf* 1580. *forʒeaf* 1588. (cf. § 13,3 *áʒef* 7mal; *forʒef* 1 mal.)
Gû. *ʒeafena* 1015. *Im st. Vb.*: *ʒeaf* 841. *áʒeaf* 999. 1136. 1197. *onʒeat* 1033. 1193. Ferner mit Dehnung in *onʒeán* 210. 273. Phön 91. *tóʒeánes* Phön. 11. 124. 421. 579. An. hat dagegen nur *tóʒénes* 45. 657. 1013. Cri. und Jul. haben nur *eá*, El. nur *ê*, ausser einem *onʒeán* 43.
Phön. *ʒeador* 285 (dagegen das sekund. *æ* als Umlaut erhalten in *tóʒædere* Phön. 225). *ʒeaflas* 300.
Im st. Vb.: *forʒeaf* 377.
hl. Krz. *forʒeaf* 147.
Hö. *burʒʒeatum* 38. *áʒeaf* 95. *onʒeat* 52.

b) nach *c'*.

An. *ceafl* 1705. *-um* 159. *ceaster* 207. *ceastre* 41 etc. *ceasterwarum* 1648. *-hofum* 1239.
Hö. *ceastrum* 40.

c) nach *sc'* (auch *sca* wird öfters als *scea* geschrieben).

An. *sceadu* 838 (dagegen *scæd* Gû. 647). *sceadan* 1293. *fyrnsceada* 1348. *folcsceadan* 1595. *þeodsceada* 1117. *feasceaft* 1130. 1558. *-e* 367. *-ne* 181. *ʒesceaft* 1439. *-e* 1501. *-a* 326. 703. 1719. *earmsceapen* 1131. 1132. 1347. *landsceapen* 501. *landsceare* 1231. *folcsceare* 684.
Im st. Vb. Kl. VI: *sceacan* 1596. *sceadan* 1149.
Im Vb. pprs.: *sceal* 892 etc. *scealt* 945. 952 etc. (5 mal). *scealtu* 220. (*sceult þu* 1210. 1469. 1671.) cf. *scell* An. 1485 (§ 13,3).
Gû. *ʒesceaft* 342 etc. *sceadena* 98. *mánsceadan* 642.
Im st. Vb. Kl. VI: *sceapen* 649. Ferner in *sceal* 34 etc. *scealt* 554.

---

1) ʒ als palat. Spirans ist geschwunden in *eador* An. 1629; cf. § 45.

Phön. *sceadu* 210. *-e* 234. *leafsceade* 205. *ʒesceapu* 210. *fyrnʒesceap* 360. *ʒesceaft* 660. In *sceal* 90. 250. Dagegen der gutturale Vokal *a* geblieben in *scancan* 310.

hl. Krz. *sceadu* 54. *ʒesceaft* 12. 55. 82. *fordʒesceaft* 10. *sceal* 119.

Hö. *sceal* 129. *sceacen* 29.

§ 10.
éo (eó) resp. ío (íó).

1. *eo* ist Brechung von *ë*.
   a) vor *r* + Konsonanz.

An. *beorht* 84. 145 etc. *-e* 790. 869. *-ne* 335. 524. *-re* 647. *-an* 96. 1651. *-ost* 103. 242. *beorn* 239 etc. *hysebeordra* 1144. *beorʒ* 1589. *-as* 842. 1308. *sǽbeorʒas* 308. *deorcan* 1464. *eordan* 7. 87 etc. *eorde* 1440. *eordscrǽfu* 804. *-scrǽfe* 781. *-scrǽf* 1590. *warum* 568. *eorl* 460 etc. *eorre* 47. 1078. (cf. *eorre* El. 401. 685. Jul. Cri. Gû. *yrre*. El. 1 *yrre* 573.) *feorr* 423. *feor* 542. 638. *-ne* 191. 252. 1175. *feorran* 24. 265. 282. *feorrcundas* 1082. *feorıceʒas* 930. *orfeorme* 406. 1619. *feorh* 154. 216 etc. (mit Dehnung durch Ausfall des *h*, cf. § 24). *-ʒedál* 181. 1429. *-rǽd* 1656. *ʒeorn* 66 etc. *dómʒeorne* 693. 880. *heortan* 36. 52. 1215. 1254. 1711. *caldheorte* 138. *mildheort* 1287. *blidheort* 1264. *-e* 660. *leornunʒ* 1484. *meord* 275. *neorxna* 102. *reorde* 60. 1110. *reordberend* 419. *ellenreordiʒra* 1083. *sweordes* 1134. *-um* 72. *weorc* 800. *-es* 1279. *-e* 1367. *ʒeweorc* 1079. 1497. *ǽrgeweorc* 1237. *ellenweorces* 232. *-um* 1372. *frumweorca* 805. *fyrnʒeweorc* 738. *fyrnweorca* 1412. *ʒúdweorca* 1068. *weordmyndum* 907. *dómweordunʒa* 355. *sincweordunʒa* 272. 477. *weorm* 770. *weorna* 1492. *ʒeweorp* 306.

Im st. Vb. Kl. III: *beorʒan* 1540. *hweorfan* 1052. 1693. *-est* 117. *áhweorfan* 959. *ʒehweorfest* 976. *weordan* 137 etc. *-ed* 1385. *ʒeweordan* 730. *-ed* 1439. *-ad* 1502. *weord* 904. *-e* 276.

Im sw. Vb.: *ʒefcormedon* 1092. *weordode* 756. *-ade* 1270. *-odon* 807. 1717. *-adon* 105 . *ʒeweordad* 940. (cf. *ʒewyrdod*

116.) *reordad* 1303. *-ade* 255. 415. 602. *-ode* 364. *ʒereordod* 385.

Gû. *beorht* 815. 826. *-e* 1258. *-ne* 770. *-ra* 913. 1287. *-an* 749 etc. *-ast* 1283. *beorʒ* 119. *biorʒ* 146. *beorʒe* 111. 1166. *beorʒsedel* 73. *bcorn* 1302. *-a* 1332. *deorc* 1071. *-an* 1192. *eorl* 1138. *-a* 1179. 1081. *corde* 344 etc. *eordwela* 32. *-an* 290. *feor* 1139. 1173. *feorʒ* 214. 1031. *feorh* 61. 1009. *-cicealm* 887. *-ʒiefa* 1213. *-ʒedâl* 1151. 1173. *-hord* 1117. *-locan* 625. *-nere* 889. *ʒeorn* 839 etc. *-ast* 328. *heorde* 719. *heortan* 340 etc. *meorde* 1059. *-a* 1014. *neorxnawonʒ* 799. *reord* 715. *-e* 131, *-um* 870. *sweord* 273. *weorc* 32. 333. *-es* 829. *-e* 1243. *-a* 1347. *-um* 283 etc. *ʒeweorc* 500. 854.

Im st. Vb.: *beorʒad* 781. *ʒebeorʒan* 963. *hweorfan* 544. 809. 1328. *-ad* 784. *weorde* 737. *ʒeweordan* 35. 1235. *ʒeweorde* 341. — *Im sw. Vb.:* *weordian* 590. *-iad* 127. 772. *-edon* 890. *reordade* 998. *ʒereorded* 1274.

Phön. *beorht* 122. 240 etc. *-ast* 80. 179. 227. 306. *sunbeorht* 278. 436. *beorʒas* 21. *-a* 31. *beorhstede* 284. *deorce* 98. *-ne* 383. *-a* 499. *corcnanstânum* 603. *eordan* 131. 154 etc. *cordweʒe* 178. *eorl* 482. *-a* 251. *feor* 1. 192. 415. *feorran* 326. *feorh* 192. 223 etc. *-hord* 221. *ʒeorne* 92. *-or* 573. *heorte* 552. *-an* 447. *leorneras* 424. *meorde* 472. *neorxna* 397. *reorde* 128. *-um* 338. *weorc* 598 etc. *fyrnʒewcorc* 84. *winterʒeweorp* 57. *weordmynd* 636.

Im st. Vb.: *beorʒed* 110. *weordan* 378. 564. *-ed* 80. 240. *-ad* 49. *ʒeweorde* 41. *-ed* 538. *hweorfad* 500. 519.

Im sw. Vb.: *weordiad* 343. *ʒeweordad* 551. *reordiad* 632. *-ade* 550.

hl. Krz. *beorhtan* 66. *-ost* 6. *bcorn* 42. *-as* 32. 66. *beorʒ* 32. *-e* 50. *feorʒbold* 73. *eordan* 37. 74. *cordweʒe* 120. *reordberend* 3. *-um* 89. *weordlice* 17. — *Im sw. Vb.:* *weordian* 129. *-iad* 81. *ʒeweordod* 15.

Hö. *beorʒe* 8. 14. *cordærne* 3. *eorl* 45. *-es* 10. *heoroscoorp* 73. *sweord* 72.

b) vor *h* + Konsonanz oder vor silbenschliessendem *h*.

An. *feohʒestréon* 301. *feohtan* 1025. 1352. *ʒefeohte* 1198. *widerfeohtend* 1185. *ʒeohdo* 1667. *-a* 66 [mit Dehnung in *ʒéodum* 1010].

Gû. In *leoht* 1306, nach vorausgegangener Kürzung des *i* in got. *leihts* zu *i* (Siev. § 84 Anm.). *oferfeohtad* 775. Phön. *leoht* 317.

c) vor *l* + Konsonanz.

An. *eolhstedas* 1644. *seolhwádu* 1716. *seolfa* 340. 505. *-es* 1302. 1443. *-ne* 923. (Die Form *seolf* ist dialektisch; vergl. § 14,4b Palatalumlaut *eo*.)

2. *eo* ist Umlaut von *ë* vor Konsonanz + dunklem Vokal.

a) Umlaut durch dunklen Vokal in Ableitungsilben.

An. *ʒeofon* 393. 1510. 1597. 1626. *-es* 854. *-e* 498. *ʒeofene* 1533. 1617. *heofon* 328. 749. 1440. *-as* 979. 1503. *-a* 6. 192. 1507. 1685. *-um* 1454. *heofenum* 89. 168. 195. *heofoncandel* 243. *-cyninʒes* 92 etc. *-háliʒ* 728. *-hwealfe* 545. 1404. *-léohte* 976. *-léoma* 840. *-licne* 389. *-ríces* 52. 56. 1054. *-torht* 1020. 1270. *-þrymme* 481. 1722. *upheofon* 799. *heonon* 893. *heolfre* 1243. 1279. *heolstor* 1193. *heolstre* 243. *heolstorlocan* 144. 1007. *-scuwan* 1255. *meotud* 69. 172 etc. (El. hat 1 *metudes* 1318.) *-wanʒe* 11. *seofon* 114. 1675. *-e* 996. *-a* 1313. *seoddan*[1]) 534. *seolfor* 338. *sweotulra* 565. *sweotulum* 743. *weorud*[2]) 762. *-es* 1594. *-e* 1392. *-a* 62 etc. (7 mal). *weorod* 1048. 1684. *-es* 1041. 1273. *-e* 1661. 1708. *-a* 872. 1208. *-um* 564. 737.

Gû. *ʒeofona* 1277. *heofon* 619. *-es* 1185. *-um* 23 etc. *-cundan* 54. 142. *-rices* 583. 809. *heonan* 1009. *heolstor* 54.

---

1) Sonst stets Vermeidung des Umlauts; El. hat 1 *sioddan* 1447 (cf. § 5, 4 Anm. 3).
2) An. hat 21mal *weorud* resp. *weorod* gegen 2 *werod* 1071. 1231; hl. Krz. 2 *weorod* (69. 152), 1 *werod* (51); Gû., Phön. und Hö. haben stets Brechung. Nach Leiding haben Cri. und Jul. stets Brechung (Cri. 25mal mit Ausnahme von *weroda* 29 und *weredum* 1011), El. hat 12 *eo*, 11 *e*. Streng ws. vorwiegend *e*.

meotud 119 etc. *sweostor* 1152. *weorude* 866 [1]). *-es* 218. 366. *weoroda* 105.

Phön. *ʒeofona* 384. *-es* 118. *heofonas* 626 etc. *hcofona* 445. 483. *heofuna* 631. *heonan* 1. *heolstre* 418. *heolstorcofan* 49. *meotud* 176 etc. (dagegen ohne Umlaut *metude* 617; cf. *metudes* El. oben). *sconod* 493. *weoruda* 465. 565. *weorodum* 187. *weoredum* 588.

hl. Krz. *heofona* 45. *-um* 140. *heofenas* 103. *-um* 85. 134. *-es* 64. *heonon* 132. *seolfre* 77. *weorode* 69. 152.

Hö. *heofona* 34. *meotude* 137. *weorod* 48. *-a* 126. *weoruda* 42. 120.

b) Umlaut durch dunklen Vokal der Flexionssilbe.

An. *breomo* 242. *cleofu* 310. *friodo* 920. *freodo* 336. *-e* 1132. (mit Ausgleichung in *fride* 917. 1434). *freodoléas* 29. *-wǽre* 1632. *ʒiofum* 1521. *ʒeofum* 551. *willʒeofa* 1284. *wilʒeofan* 62. *heorodréoriʒ* 998. *-e* 1085. *-dolʒum* 944. *ʒrǽdiʒe* 38. *-ʒrǽdiʒra* 79. *-ʒrimme* 31. *-swenʒum* 954. *hleodum* 833. *stânhleodu* 1679. *-o* 1235. *sandhleodu* 236. *leodu* 782. *-lic* *-bendum* 1035. 1566. *leodubendum* 100. 164. 1375. *ʒemeotu* 454. *lârsmeodas* 1222 (vergl. El. *lârsmidas* 203). *ûdweota* 1107. *fyrnweotan* 785. (vergl. *fyrnwitan* El. 1154. und *fyrnweotan* 343. 438). Der Umlaut vor Palat. eingetreten in *breoʒo* 305. *-stôl* 209 (vergl. *breʒo* An. 61. 540, Phön. 497. 620, Cri. 403). Ferner im plur. praet. *st. Vb.* Kl. I *ʒeweotan* 802.

Gû. *ʒeofu* 501. *freoduweard* 143. *heoroʒrim* 952. *leomu* 810. 929. 1002. 1005. 1149. *-a* 192. 1019. *widerbreocum* 265.

Phön. *freodu* 597. *heorudréorʒes* 217. *leoducræftiʒ* 268. *leomu* 513. *-um* 649. *niodoweard* 299.

Hö. *freodo* 98. *heorosceorp* 73.

c) im sw. Vb. Kl. II und III.

An. *cleopian* 1400. *-ode* 1110. *-odest* 1412. *-odon* 1718. *ʒefreodode* 1043. *leofad* 1290. *ondsweorodon* 859. *sweode-*

---

3) Ueber *weoruld, woruld* vgl. § 30. An. hat 9 *wo*, hl. Krz. 1 *weo*, Gû. 13 *wo*, 9 *weo*, Phön. 14 *wo*, 1 *weo*.

rade 465. *seomian* 183. *weotud* 1368. *-e* 1076. *weotod* 953. (vergl. *witod* 893. *witode* Gû. 890.)
Gû. *beofode* 1299. *cleopedon* 245. *freodad* 214. *freodade* 367. ʒ*efreodode* 123. *hleonad* 43. 44. *seofedon* 201.
Phön. ʒ*efreoda* 630.
hl. Krz. *hleodrode* 26.
Hö. *beofode* 20. *beofiende*[1]) 86.

3. *eó (ió)* aus *o* und *u* nach dem palat. Halbvokal *j* und nach *sc.*

An. ʒ*eond* 25. 42 etc. ʒ*eonʒ*[2]) 505. 1152. *-e* 392. 860 etc. *-ne* 551. 1112. *cildʒeonʒ* 685. ʒ*eonʒa* 1128. ʒ*eoʒode* 152 (mit Schwund des ʒ in *eoʒode* 1114. § 31). *bisceop* 1651. *-as* 607.
Im Vb. pprs. *sceolon* 614. 734. 1489. *-de* 758.
Im Vb. ʒ*eonʒan* 1313 (vergl. ʒ*anʒan* 238. 1061. 1358. ʒ*enʒan* 1097. Die north. Form ist ʒ*eonʒa*).
Gû. ʒ*eond* 1. 472 etc. ʒ*eonʒ* 842. *-ran* 1035. *-ra* 461. *-rum* 1021. ʒ*eoʒud* 390. *-e* 75. 466.
In *sceolon* 586. 607. *-de* 75 etc.
Phön. ʒ*eond* 82. 119. 323. *-farad* 67. *-láce* 70. *wlited* 11. ʒ*ionʒ* 455. ʒ*eonʒ* 192. 433. 647 etc. ʒ*eonʒra* 624. *edʒionʒ* 581. *edʒeonʒ* 373. 435 etc.
In *sceolde* 378. 643.
hl. Krz. ʒ*eonʒ* 39. *sceolde* 43.
Hö. ʒ*eondfēran* 101. ʒ*eoʒode* 95. In *sceolde* 14. *-on* 87.

§ 11.
Der *i*-Umlaut von *ea*.

1. *ie* ist der *i*-Umlaut von *ea*.
ʒ*ierwan* Hö. 2.

---

1) hl. Krz. hat *i* nicht umgelautet, *bifian* 36. *bifode* 42. Gû. *beofode* 1299. Hö. 2 *eo*. Cri. 5 *eo*. Jul. 1 *eo*. El. 1 *eo*.
2) An. hat 12 ʒ*eonʒ*, 4 ʒ*inʒ*; Gû. 4 *eo*, 1 *i*; Phön. nur *eo*. Nach Leiding hat El. 1 *eo*, sonst nur *i*; Cri. und Jul. haben *eo*.

2. *i* ist der *i*-Umlaut von *ea*.
   a) nach *c*.
An. *cirm* 41. 1239. *cirmdon* 138.
Gû. *cirm* 364. *herecirm* 872. *cirmdon* 880.
   b) vor *h* + Konsonanz.
miht (cf. § 9,1c Anm.). **An.** hat 42 *miht* etc., Gû. 1 *i*, Phön. 1 *i*, hl. Krz. nur *i*. **An.** und hl. Krz. haben nur *mihtiȝ*; Gû. nur *ea* (2); Phön. 2 *ea*, 1 *i*. Alle unsere Dichtungen haben *ælmihtiȝ*; vergl. *ælmeahtiȝne* Cri. 759. *foremihtiȝ* Phön. 159. *niht* An. 185. 1256 etc., Gû. 99. 1008 etc., Phön. 98. *-es* Gû. 1183, Phön. 147. 478. *-e* Phön. 362, hl. Krz. 2. *-a* An. 932. 1675, Gû. 321. *-um* An. 148. *nihthelm* An. 123. *-a* Gû. 943. *nihtȝlôme* Gû. 916. *-lanȝne* 836. 1311. *-rim* Gû. 1070. *-ȝerimes* An. 115. 158. *-scuan* Gû. 971. *êasterniht* Hö. 15.
   c) nach *sc*.
scippend An. 278.

3. *y* ist der *i*-Umlaut von *ea*.
   a) nach *c*.
cyrm An. 1127. 1158. *cyrrad* Phön. 352. *cyrdon* Gû. 880, Hö. 16. *gecyrdon* An. 1080. *oncyrran* Gû. 336. *oncyrde* An. 466. *-cyrred* An. 36.
   b) nach *ȝ*.
ȝyrwan An. 796. 1700. *ȝyrede* Gû. 148. *-on* hl. Krz. 77. *ȝc-ȝyrwed* hl. Krz. 23. *ȝeȝyred* hl. Krz. 16. *onȝyrede* hl. Krz. 19. *nidȝysta* Gû. 511. (cf. *cearȝesta* Gû. 364. *fêdeȝestas* El. 848.)
   c) vor *h* + Konsonanz.
hlyhhende Hö. 24.
   d) nach *sc*.
scyppend An. 119. 192 etc., Gû. 1131, Phön. 630, Hö. 109. *-e* Gû. 636. *-es* Phön. 327. *winescype* Gû. 1154. *ȝefêrscype* Gû. 1232. *scylle* Phön. 234. *scyllum* Phön. 310. — Im sw. Vb. *bescyrede* An. 1620, Gû. 116. *biscyrede* Gû. 645. *byscyrede* Gû. 867. *ȝescyriȝe* An. 85.

e) sonst:

An. *dyrnan* 693. *undyrne* 1482. *fyrdhwate* 8. *wylm* 367. 865. *flôdwylm* 516 (cf. unten 4). *yrmdu* 1386. *-o* 1193. *-a* 972. *-um* 163. *ylda* 182. 1557. *-in3* 215. *-estan* 764. *Im sw. Vb.*: *fylde* 1690. *hyldon* 1029. *hyrcnodon* 654. *3emyrde* 747. *syredon* 610. In *syllan* 272. 366. 477. 1111. *sylle* 97 (jüngere ws. Form für älteres *e*). **Gû.** *dyrne* 437. *fyl* 520 (cf. *fell* An. 1611). *wylme* 162. 345. *brynewylm* 644. *sârwylmum* 1123. *sor3wylmum* 1046 (cf. unten 4). *yrfestôl* 1293. *yrmda* 905. *yrmin3* 243. *yldran* 471. 722. 946. *æfteryld* 467. *Im sw. Vb.*: *âfyllan* 256. *onhylde* 305. 1186. 1244. *3ehyrwan* 462. *hyrwud* 36. *âhwyrfde* 430. *snyrede* 1306. *sylle* 339. *syled* 739. *onwylled* 362. *âwyr3de* 226. 883. **Phön.** *fylle* 371. *wyllan* 63. *wylm* 191. 283. *flôdwylmum* 64. *yldu* 52. 190. *-o* 614. *-ran* 414. 438. *yrmdu* 52. 405. 614. *yrfeweard* 376. — Im sw. Vb. *3efylled* 627. **hl. Krz.** *fyll* 56. — Im sw. Vb. *fyllan* 73. *3efyllan* 38. *hyldan* 45.

2. *e*, *æ* ist der Umlaut von angl. *a*, ws. *ea*. (Es verhält sich $a:ea = e(æ):ie(i,y)$; cf. § 3, 2 p. 12.)

eldum An. 1059. *fell* An. 1611. *3erwan* An. 1636. *cear3esta* Gû. 364. *strêamwelm* An. 495.
æ in *wælm* An. 1544. *-um* An. 452. *sor3wælmum* Gû. 1236. (cf. *sor3wylmum* Gû. 1046.) *ældu* Gû. 80. *-a* 6 mal. Phön. 198. 546. *-um* Gû. 1115. Phön. 509. *bældest* An. 1188.

§. 12.
Der *i*-Umlaut von *eo*.

1. *ie* ist der *i*-Umlaut von *eo*.

3esiehde An. 620. *biered* Phön. 199.

2. *i* ist der *i*-Umlaut von *eo*.

a) vor *h* + Konsonanz.

wiht Gû. 248. 283. 284 etc.. Phön. 25. 179. 611. *-e* An. 1524. 1663. Phön. 19. 448. *fulwiht* An. 1645. *-e* An. 1632. *full-*

wiht Hö. 136. *-es* An. 1642 *alwihta* An. 1605. *ówihte* An
801. *ʒesihď* An. 30, Gû. 27. *-e* Gû. 731. 788. 813.
Im sw. Vb. *lixan* Phön. 94. *-ed* Phön. 290. *-ad* 33. 604.
wrixled Phön. 127. 294.
b) nach ʒ.
ʒinʒra Gû. 1015. *-an* An. 427. 849. 896. 1332.

3. *y* ist der *i*-Umlaut von *eo*.
a) vor *h* + Konsonanz.

ʒesyhde An. 705, hl. Krz. 21. 41. 66. 95.
b) vor *r* + Konsonanz.

An. *cyleʒicelum* 1262. *fyrhd* 638. *-e* 507. *-locan* 58. 1572.
-lufan 83. (cf. *collenferhdc* 349). *unfyrn* 1373. *fyrndaʒum*
978. 1753. *-sæʒen* 1491. *-sceada* 1348. *-weorca* 1412. *-ʒeweorc*
738. *-weotan* 785. ʒyrne 1587. *hyrde* 808. *-as* 995. 1079.
1085. *wyrrestan* 87. 1594. (angl. Form, cf. § 51.
Im st. Vb. *wyrde* 208. *-est* 483. *-ed* 219. 974.
Gû. *fyrn* 841. 946. 1632. *-daʒum* 601. *-ʒewyrht* 944. ʒyrn
834. *-a* 417. *-wræce* 405. *hyrde* 289. 761. 1244. *-es* 188.
-as 522. *-a* 386. *wyrs* 637. *yrre* 161. *yrrinʒa* 455.
Im st. Vb. *byrnan*. Im sw. Vb. *áfyrred* 611. *áfyrde* 720. ʒyrne
291. ʒeʒyrnan 229. *-ad* 43. *yrsade* 151.
Phön. *fyrndaʒum* 570. *-ʒéarum* 219. *-ʒesceap* 360. *-ʒeseta*
263. *-ʒeweorc* 84. 95. ʒyrne 410. *yrre* 408.
Im st. Vb. *byrned* 214. 218. 502. 531. *bebyrʒed* 286.
Im sw. Vb. *áfyrred* 5. ʒyrnad 462.

4. *c* ist der *i*-Umlaut von *eo*.
An. *ferhd*[1]) 1586. *collenferhd* 538. 1100. *stærcedferhde* 1235.
slidferhde 722. *ferde* 1487. *ferdlocan* 1673. *collenferd* 917.
1334. 1551. 1580. 1598. *wériʒferd* 1402.

---

1) An. hat 1 *ferhd*, 2 *fyrhd*, 1 *ferd*. In Zusammensetzungen 4 *ferhd*,
3 *fyrhd*, 7 *ferd*. Gû. nur *ferd* (8 mal), ebenso Phön. (2 mal). El. hat
7 *ferhd*, 12 *fyrhd*. In Zusammensetzungen 4 *ferhd*, 4 *fyrhd*, 1 *firhd*. Cri.
und Jul. haben nur *ferd*. Nach Sievers § 222¹ ist der Schwund des *h*
nach *r* einer späteren Zeit zuzuschreiben. An. und El. zeigen demnach
die älteren Formen zum Teil bewahrt, die in den andern Dichtungen
durch die Kopisten vollständig ersetzt sind.

Gû. *ferd* 415. 985. *-e* 994. *ferddes* 895. *ferdwériʒ* 1130. *fréoriʒferd* 1318. *sáriʒferd* 1326. 1352.
Phön. *ferdde* 504. *ferd* 415.

§ 13.
Der Palatalumlaut von ea.

1. *æ* ist der Palatalumlaut von *ea*.
æht An. 410. 608 (*consilium* cf. El. 473). *ʒedrǽʒ* 43. 1557 (diese Form setzt Leiding Cri. 1000 ein, wo er wohl mit Recht eine vereinzelte Reimgruppe vermutet; vgl. § 53). *stǽrcedferhde* 1235 (cf. *stǽrcedfyrhde* El. 38).

2. *e* ist der Palatalumlaut von *ea*.
   a) vor *h* + Konsonanz.
An. *brehtme* 273. 1204 (nach eingetretener Metathesis des *r*). *-um* 869. *fex* 1429. (cf. *feaxe* Jul. 227). *wexe* 1147. (*weaxe* Cri. 989). *exle* 1577. (*earlum* hl. Krz. 32). Gû. *bihlehhan* 1331. *ehtendra* 496. *sinnehte* 650.
In den Pract. der Verba mit Rückumlaut ist wahrscheinlich Anlehnung an den Praes. Vokal anzunehmen; Siev. § 407ı₈. *þehte* An. 968. *-on* An. 1527. *beþehte* An. 1017. 1048. *ʒedrehte* An. 39. *ʒerehte* Gû. 67. *áwehte* An. 584.

   b) vor silbenschliessendem *h*.
ʒeseh An. 714. 849. 994. 1006. 1011. 1415 (*ʒeseah* An. 493. 499. 1494. 1692, Gû. 684. 1026, Hö. 50. 53, hl. Krz. 14).

   c) vor *rʒ*.
herʒas An. 1689 (Cri. 485). *áwerʒed* An. 1301 (*áwyrʒde* Gû. 226. 883). *werʒas* hl. Krz. 31.

3. Palatalumlaut in umgekehrter Richtung (*spätws.*; Siev. § 102).
áʒef An. 189. 572 etc. (9 mal, *áʒéfan* 401). *forʒef* 486. Gû. hat nur *áʒeaf* 999. 1136. 1197, An. 1580, El. hat 3 *áʒeaf*, 1 *áʒéfon*, Jul. ea. *scell* An. 1485 (für *sceall*). *ʒeʒnsleʒe* An. 1358. *ʒeʒninʒa* An. 1351. 1356 (cf. *ʒeaʒninʒa* El. 673). Mit Dehnung nach Ausfall des ʒ in: *ʒéncwidum* An. 860 (cf. *ʒeaʒncwide* El. 525. *ʒéncwidas* El. 594). *tóʒénes* An. 45. 657.

1013 (cf. *tózéanes* Phön. 11. 124. 421. 579. El. hat nur *é*, Cri. nur *eá*; ebenso hat El. 2 *onzén* gegen 1 *onzcán*, während Cri., Jul., Gú. und Phön. stets *eá* haben).

§ 14.
Der Palatalumlaut von *eo*.

1. *ie* ist der Palatalumlaut von *eo*.
siex Gú. 21. *édelriehte* Gú. 187.

2. *i* ist der Palatalumlaut von *eo*.
An. *enihtes* 914. 1123. *riht* 324. 700. 1647. -*es* 139. -*e* 521. *léodrihte* 679. *onriht* 120. *unrihte* 1561. Im sw. Vb. *zetihhad* 1322 (cf. *zeteohhad* Jul. 264). Gú. *sihste* 1123. hl. Krz. *rihtne* 89. *zeriht* 131.

3. *e* ist der Palatalumlaut von *eo*.

a) vor *h* + Konsonanz.
An. *ryhte* 1513. *biryhte* 850. *syxtýne* 490. Gú. *ryht* 3. 168. 654. 782. 1286. -*ra* 49. *woruldryhte* 28. *ætryhte* 970. 1125. Phön. *ryht* 664. -*e* 494. -*fremmende* 632. Hö. *enyht* 79.

b) vor *lf*.
sylf An. 5. 248 etc. Gú. 113. 114 etc. Phön. 199. 204. 682. -*es* An. 651. 1111. 1419. Gú. 29. 678. Phön. 282. 530. Hö. 52. 82. 127. -*e* An. 1560. Gú. 778. kl. Krz. 92. Hö. 96. -*ne* An. 1214. Gú. 673. Phön. 111. -*a* An. 529. 432 etc. Gú. 439. 493. 964. Phön. 532. kl. Krz. 105. -*um* An. 644. 648 etc. Gú. 1065. -*ra* Gú. 53. *sylfǽtan* An. 175.

4. *io* erscheint im *Ps.* und *north.* als *i*.
cwic An. 1084. -*e* An. 129. -*era* An. 914. *cwicra* Gú. 1223 (die synkop. Form auch Cri. 998).

---

1) An. hat 8 *riht*, 2 *ryht*, 2 *cniht*; hl. Krz. 2 *riht*; Gú. 9 *ryht*; Phön. 3 *ryht*; Hö. 1 *cnyht*. Jul. und Cri. (bis auf eine Ausnahme) haben stets *y*, El. nur *i* bis auf ein *y*.

II. Die langen Vokale.
§ 15.
â.

1. ws. *â* ist nicht zu *ê* geworden, sondern erhalten.

a) vor *w*.

sâwon An. 1681. *zesâwe* Gû. 439, hl. Krz. 4. *onsâwen* Phön. 253. Das *w* ist durch Contraction geschwunden in *clâm* Phön. 277.

b) vor guttur. Vocal in offener Silbe.

In den praet. *lâzon* An. 1236. 1424. *lâzan* An. 1085. Im plur. zu *mæ̂z*: *mâzas* An. 1517 (cf. *mâzum* Gû. 166). *cnêomâzum* An. 685.

c. sonst:

In *swâr* Phön. 56. 315.

2. *â* entspricht einem wstgerm. *â* aus germ. *ê*, das vor Nasal zu *ô* werden sollte.

Im st. Vb. Kl. IV. *niman*: *zenâmon* hl. Krz. 60. *zenâman* hl. Krz. 30 [bes. spätws. vgl. *nôman* Gû. 189].
Im Vb. *zân* An. 365. *âzân* An. 147. *bizân* Gû. 75. *zezân* Gû. 243. *tôzân* An. 1525. *zâ* An. 1350.

3. *â* entspricht einem germ. got. *ai*.

a) im praet. st. Vb. Kl. I.

An. *bâd* 261. *zebâd* 1589. 1704. *fordrâf* 269. *tôdrâf* 1690. *tôzlâd* 123. *onhlâd* 1271. *tôhlâd* 1589. *ârâs* 450. 695. 1013. 1305. 1471. 1636. *zescrâf* 848. *ymbscân* 1019. *âstâz* 708. *oferstâz* 1576. *zestâh* 901. *beswâc* 613. *zewât* 225. 236 etc. **Gû.** *bâd* 188. 300. 523 etc. *bidrâf* 569. *zehrân* 1000. *zelâd* 1266. *mâd* 1319. *ârâs* 1074. 1267. *zesâz* 1243. *scân* 665. 1262. 1304. *âstâz* 234. 363. 633. 1077. *zestâz* 146. 279. 399. 1302. *oferstâz* 206. *zewât* 296. 1301. *onwrâh* 133. *zepâh* 508.
Phön. *biswâc* 413
hl. Krz. *zebâd* 125. *hnâz* 59. *ârâs* 101. *âstâz* 103. *zestâz* 40. *zewât* 71.
Hö. *ârâs* 22. *ôdrâd* 40.

b) sonst:

An. *á* 64. 203 etc. *ácol* 1268 (cf. Btrgc X., 494). *ácle* 1341. *ácolmód* 1597. *-e* 377. *ázend* 210. 761. 1717. *ár* 981. 1606. etc. *bám* 1016. *bán* 1424. 1475. *-cofan* 1278. *-zebrec* 1444. *-hrinzas* 150. *-hús* 1242. 1407. *feorhzedál* 181. 1429. *fáh* 1136. *fáz* 1190. *fámize* 1526. *fámizheals* 497. *zást*[1]) 187. 468 etc. *-zehyzdum* 863. *-líc* 1630. *-zerŷnum* 860. *léodzástes* 1090. *zrápum* 1337. *hál* 916. 1472. *-es* 1469. *wanhále* 580. *háliz* 14. 89 etc. *hát* 1711. *-an* 1243. 1279. *-ne* 1189. *brandháta* 769. *scyldhátan* 1049. 1149. *hád* 915. *apástolhád* 1653. *hádor* 840. 1458. *-re* 89. *hám* 227. 980 etc. *-sittende* 686. *hláf* 389. *-es* 21. 312. *-um* 590. *hláforde* 412. *hláfordléase* 405. *hrá* 792. 954. 1033. 1279. *lác* 1113. *-ende* 437. *zelác* 828. 1094. *lyftzelác* 1554. *beadulúce* 1120. *farodlácende* 507. *zúdzelácan* 1602. *scinzelácum* 767. *láfe* 1083. *lád* 1349 etc. *-spell* 1081. *láre* 597. 654 etc. *lárćow* 404. 1323. 1468. 1709. *-cwide* 674. *-smeódas* 1222. *lást* 1448. *-e* 1598. *widlástas* 677. *máran* 554. *má* 492 etc. *mán* 694. 768. *-e* 1601. *-fréa* 1315. *-fulle* 180. *-fulra* 42. *-zenidlan* 918. *-slaza* 1220. *brimrád* 1589. *-e* 1264. *hronráde* 822. *hranráde* 266. 634. *swanráde*·196. *sáwle* 151. 432. 867. *-a* 228. 549. 923. 1419. *sáwulzedál* 1704. *sár* 958. 1248. 1470. 1691. *-cs* 1245. *-e* 1370. 1398. 1455. *-cwide* 320. 967. *-bennum* 1241. *-slezum* 1277. *sárzan* 60. *stán* 739. 769 etc. *-fáze* 1238. *-hleodu* 1235. 1579. *mearmanstán* 1500. *snáw* 1275. *swát* 970. 1427. 1443. *-e* 1241. *swátize* 1408. *tácen* 29. 88 etc. *wéatácen* 1121. *twá* 715 (vgl. *twám* El. 1306. *twém* An 780). *þráh* 107. *þráze* 791. 1600. *þám* 1016. *wáze* 714. 732.

Im red. Vb. *háteð* 1507. *háten* 686. *lácað* 253.

Im sw. Vb. *zetácnode* 1514. *zehálzode* 586. *zehálzod* 1648.

Im Vb. pprs. *wát* 183. 199 etc. *wást* 934.

---

1) Gegen Ausgang des X. s. wird *zǽst* wieder zu *zást* (ten Brink, Zs. f. d. A. XIX). An. bat 22 *zást*; hl. Krz. 3 *zást*; Gû. 85 *zǽst*, 2 *zást*; Phön. 6 *zǽst*; Hö. 1 *zǽst*, nie *zást*. Nach Leiding ss hat El. stets *á*, Cri. und Jul. stets *ǽ*.

Gû. â 315. 512 etc. *âwo* 758. 1016. *âwu* 612. *âdl* 912. 951. -*e* 858. 928 etc. -*þracu* 935. -*wêrizne* 981. *âr* 656. 1119 etc. -*lîc* 497. -*léaslîce* 537. *ânhoza* 970. -*seld* 1214. *bâm* 842. *bân* 351. -*es* 670. -*cofan* 914. -*fæt* 1166. -*loca* 953. *dâlum* 25. *zedâl* 206. *deâdzedâl* 936. *zâstzedâl* 834. -*es* 1111. *nŷdzedâl* 906. -*e* 416. *fâcna* 558. -*es* 1044. *flânþracu* 1117. *zâste* 159. -*licne* 602. *hâd* 443. 1335. -*as* 2. *hâm* 40. 242. 806. -*es* 768. -*as* 54. -*a* 193. *hâliz* 332 etc. *hât* 952. 1116. -*e* 1028. 1304. -*ost* 993. *broudhât* 937. *zehâta* 913. *hlâford* 1026. 1331. *lâc* 1034. 1272 etc. *lyftlâcende* 117. *lâr* 592 etc. *lâréow* 977. -*es* 330. *lâst* 1312. -*um* 260. *lâde* 549. -*es* 284. 671. -*ran* 207. -*ast* 560. -*spel* 1317. *mâ* 489. *mâra* 139. 218. -*e* 355. -*an* 169. 404. *mân* 67. -*sceadan* 622. 881. *sâr* 379. 512 etc. *sârze* 859. -*um* 1304. -*stafum* 205. -*bennum* 992. *sâwul* 523. *sâwle* 198. 348. 901. -*a* 93. 303. *sâwelhâs* 1003. -*cund* 288. -*zedâles* 1008. *orsâirle* 1167. *swât* 493. *tâcnum* 707. *wedertâcen* 1267. *sizortâcnum* 1089. *twâ* 104. *þráz* 1324.

Im sw. Vb. *lâdrad* 334.

Im Vb. pprs. *âzan* 453. 653. *âze* 244 etc. *wât* 1059. 1065. 1194. 1325.

Phôn. â 35. 180 etc. *âzne* 256. -*um* 528. 536. *âzenne* 264. 275. *ázendra* 5. *ânza* 423. *ânhaza* 87. -*hoza* 346. *âr* 663. *bân* 221. 270 etc. -*fæt* 229. -*fatu* 520. *zedâl* 651. *fâh* 595. *fâz* 292. *fâcne* 595. *hâd* 382. 639. *wîfhâdes* 357. *hâdor* 212. *hâliz* 626 etc. *hâm* 244. 593. 599. -*es* 483. *hât* 521. -*a* 612. *hrâ* 228. *zeondlâce* 70. *lîfe* 269. 272 etc. *lâste* 440. *lâd* 50. -*es* 53. *mânes* 633. *mândæde* 457. -*fremmendum* 6. *nân* 51. 449. *sâre* 369. *sârlîc* 406. *sâwel* 523 etc. *snâw* 14. 248. *stâne* 302. *stânclîfu* 22. *mearmstâne* 333. *tâcen* 96. 254. 510. 574. *wêatâcen* 51. *þrâzum* 68. -*e* 160.

Im red. Vb. *hâtad* 173. *hâten* 86. *lâcad* 316.

Im Vb. pprs. *wât* 355. 357. 369.

hl. Krz. *ânra* 86 etc. *fâh* 13. *zâst* 49. -*as* 11. -*a* 152. *hâlize* 11. *hâlzum* 143. 154. *hâm* 148. *hâte* 95. *hlâford* 45.

ládost 88. sáre 59. sárra 80. sáwl 120. swátes 23. stáne 66.
Hö. án 17. -a 15. -e 5. áre 114. cildháte 119. hláfordes 67. sárizu 11.
Im red. Vb. zeháten 26.
Im sw. Vb. hálsie 106. -size 118.

3. Im Fremdworte.
sácerdos An. 743. ealdorsácerd An. 670. cáseres Phön. 634.

4. Durch Dehnung im Auslaute.
swá An. 5. 582 etc. Gú. 11. 315 etc. Phön. 41. 565 etc. hl. Krz. 92. 108. Hö. 69. 129. hwá An. 381. 798 etc.
5. á = ai in den red. Vb. auf áw.
An. oncnáwan 566. 1216. -en 527. -e 322. 644. -est 631. orcnáwe 771. zecnáwan 1519. 1560.

§ 16.
ǽ.

1. ǽ durch Tonerhöhung von wstgerm. á, germ. got. ê.

a) im pract. st. Vb. Kl. IV und V.

An. bǽron 1223. cwǽdon 1603. 1641. 1718. sǽton 361. 591. besǽton 608. 627. zesǽton 1163. swǽfon 1004. wǽron 7. 46 etc.
Gú. bǽron 88. brǽce 180. cwǽdon 163. 177. 549. sprǽcon 1145. -e 978. wǽron 176. 331 etc. -e 331.
Phön. wǽre 639.
hl. Krz. bǽron 32. wǽron 8.
Hö. wǽron 54. 89.

b) durch Ersatzdehnung nach Ausfall von z.
oferbrǽd An. 1308 (vgl. oferbrǽzd An. 1543). sǽde An. 1024.

c) ǽ Tonerhöhung von ws. a nach Schwund von dl.
mǽlde An. 300. 768. stǽldun Gú. 239.

d) dialektisch durch Tonerhöhung von a.
ǽ in fæzer Phön. 85. 125. 182. 232. 307, hl. Krz. 73. fæzerran Gú. 353, Phön. 330. -a Gú. 170. (Btrge. X, 498. ǽ scheint in südengl. Dichtungen gefordert zu sein).

e) sonst:

An. ǽfen 1247. ǽt 1075. sylfǽtan 175. fǽr 1532. 1631. -spelle 1088. fǽted 478. frǽte 571. 15 8. ʒrǽdiʒe 155. mǽʒwlite 858. 1340. rǽd 938. 1090. 1647. -um 469. 1500. -end 627. 817. -snotterran 473. anrǽd 232. 985. camprǽdenne 4. feorhrǽd 1656. folcrǽd 622. frumrǽdenne 147. ʒafulrǽdenne 296. sǽl 1167. unsǽliʒe 561. wansǽliʒe 965 (über die Synk. bei den Adj. auf -iʒ cf. § 29). slǽp 464. 824. 827. 864. -e 796. 851. 1529. slǽpendum 867. swǽsne 1011. swǽsendra 386. wǽre 990 etc. wǽrfæst 416. 1312. -fæstne 1275. -lêasra 1071. -loʒan 71. 108. 613. 1299. freodowǽre 1632. wǽpen 1147. wǽpnum 1071. 1293.
Im red. Vb. lǽtan 782. lǽt 397. 959. -ad 1182. 1332. forlǽtan 803. -ed 459. -est 1415. ánforlǽtan 1289. 1644. 1671.

Gû. ǽfen 1251. -ʒlôme 1265. -tid 1188. ǽte 708. fǽrhaʒan 933. -scyte 157. -spelles 1023. fǽrinʒa 911. ʒrǽdum 710. wynmǽʒ 1319. winemǽʒa 1338. mǽʒwlite 431. rǽd 249. ʒafulrǽdenne 959. sǽle 6. wonsǽlʒan 919. slǽpa 314. swǽse 1053. 1139. -um 957. wǽpen 275. wǽpna 255. -um 60. 148. wǽrfæst 1163. -loʒan 269. 595. 883. -nysse 643.
? Im red. Vb. lǽtan 97. 170 etc. forlǽte 1147. ánforlǽtan 158. 613. rǽdan 103.

Phön. ǽt 401. -e 405. fǽrinʒa 530. ʒrǽdiʒ 507. unrǽdum 403. sǽlum 140. ʒesǽliʒra 359. slǽp 56. swǽs 375. wǽpnum 486.

hl. Krz. ǽfentide 68. sǽl 80. wǽtum 22.

Hö. mǽʒe 57. -es 25.

2. ǽ durch Umlaut von westg. â, germ. got. ê.

An. ʒebǽro 1572. dǽde 68. -um 596. -fruma 75. 1457. oncŷddǽda 1181. mǽre 7. 816. 1340. -es 94. -ne 366. -um 449. 910. -an 40. 227. 287. 975. ormǽte 1168. unmǽte 653. 1221. 1684. rǽsboran 139. 385. wǽʒe 1591. -as 456 etc. wǽʒfære 925. -flotan 487. -þele 1713.
m sw. Vb. rǽsdon 1336.

Gû. ʒebǽru 387. onbǽru 1027. dǽde 51. 498 etc. ʒefrǽʒe 792 (cf. ʒefrêʒe An. 668. 963. 1121, El. 968). lǽnes 122.

-an 342. 940. 1093. -ra 301. mǽre 853. -an 42. 478. wǽʒhenʒest 1303. -dropan 1030. Im sw. Vb. nǽʒest 1200. ʒenǽʒad 261. -ed 1126. rǽsan 968. -anne 377. Phön. ʒebǽru 125. dǽda 463. -um 445. 452. 528. ʒôddǽdum 669. mándǽde 457. weldǽdum 543. lǽne 482. 489. 505. -ne 220. -an 456. mǽrđu 472. mǽran 633. 660. -um 165. -ost 119. numǽte 625. wǽʒa 45. hl. Krz. lǽnan 138. -um 109. mǽre 12. -an 69. mǽte 69. 124.

3. ǽ als Umlaut von á = germ. ai.
    a) nach c und ʒ.
An. ʒǽsne 1086. Im sw. Vb. ʒǽldon 1535.
Gû. searucǽʒum 1118. ʒǽst 332. 368. 940. -e 7. -a 60. 876. -háliʒra 845. -ʒedál 834. -ʒedáles 1111 (cf. á).
Phön. hyʒe-ʒǽlsa 314. ʒǽst 513. -es 549. -as 519. 539. 545. 593. -a 615.
Hö. ʒǽst 20.
    b) sonst:
An. ǽ 1405. 1513. 1646. ǽfre 493. 499 etc. náfre 1288 etc. ǽht 1720. -ʒeweald 1112. ǽr 188. 695 etc. -est 12. 757. 1022. -dǽʒe 220 etc. -ʒeweorc 1237. ǽrende 230. 1622. -u 777. -es 215. ǽrenne 1064. ǽrist 781. ǽniʒ 15. 377. 1441. -es 199. -e 1525. -ne 493. 517. 1083. -um 890. ǽnʒum 178. ǽnne 1106. ǽninʒa 143. 220. 1372. nǽniʒ 988. -ne 1039. blǽd 356. 535. 1721. -es 17. -a 103. -um 770. 1451. -ʒifu 84. 566. clǽnan 980. dǽl 570. 1124 etc. fǽʒđe 284. fǽhđo 1388. fǽschoman 24. 154. 160. -haman 1087. hǽlend 541. 1033. 1109. -es 574. 736. hǽlo 95. hǽs 1522. 1588. hǽđenan 111. 1493. -um 1146. -ra 186. 218 etc. hǽđene 1004. 1126 (in allen diesen Formen keine Synkope). hǽđne 126. 1072. -es 1240. unlǽde 745. -ra 30. 142. mǽste 465. 1200 etc. ʒemǽne 1015. mǽnra 943. sǽne 204. 211. sǽ 247. 453. sǽs 236. 1660. sǽwe 515. sǽbáte 438. 490. -beorʒas 308. -flotan 381. -henʒeste 488. -holm 529. -láde 511. -lidan 471. -leodan 500. -mearh 268. -streamas 196. twǽm 870.

Im sw. Vb. dǽlest 548. dǽled 954. bedǽled 309. ʒedǽlan 957. 1219. -don 5. tôdǽlan 152. hnǽʒan 1331. ʒehnǽʒan 1185. -de 1193. -est 1321. lǽdan 174. 337 etc. lǽddon 1461. lǽddan 251. lǽded 1309. lǽdende 1479. ʒelǽdan 823. -ađ 282. -de 1035. lǽrest 1187. -de 170. ʒelǽran 1355. forlǽrdest 1366. lǽstan 1426. -on 674. 1655. ʒelǽste 411. mǽnan 1550. -ađ 1667. -don 1159. ârǽrdest 1320. ârǽred 969. 1647. rǽsdon 1336.
Im Vb. pprs. wǽst 1188. 1284 (vgl. wâst Gû. 994).
Gû. ǽ 26. -bodan 909. ǽfre 584 etc. nǽfre 63 etc. ǽht 359. -um 389. ǽniʒ 727 etc. ǽnʒes 1099. ǽnʒum 1202. nǽniʒ 837 etc. nǽnʒes 799. ǽr 21. 361 etc. ǽrest 150. 426. 798. -e 313. -an 80. 793. 948. ǽrist 1073. ǽrendu 696. 1270. -o 133. blǽd 14 etc. clǽne 552. 771. -estan 794. dǽl 154. 352. -e 700. fǽʒe 1004. -es 1320. -um 1031. fǽhđu 137. fǽle 143. flǽsce 967. -homa 1004. -homan 345. hǽdre 1257. sǽm 237. 1333. sǽne 314.
Im sw. Vb. ǽle 1038. inǽled 640. ʒedǽlan 198. 343. -de 302. 712. -den 942. -ed 25. hǽlde 900. ʒehǽlde 677. 857. 1219. nêalǽced 1006. -lǽcte 1112.
Phön. ǽ 457. ǽʒerum 233. (nach Siev. Btrgc. X, 495 die Länge aus grammat. und metr. Gründen unzweifelhaft; auffallend das Nichteintreten der Synkope). ǽfre 83. 562. 637. nǽfre 38. ǽhtʒestréon 506. ǽniʒ 31. 357 etc. -ne 59. ǽnlic 9. 536. ǽriste 495. 559. 572. blǽd 391. 549. 662. clǽne 226. 252 etc. dǽl 261. êastdǽlum 2. westdǽlas 97. flǽsc 221. -e 259. 535. fǽʒes 221. ʒlǽm 253. hǽdre 115. 619. hǽtu 17. hǽlend 616. 650. -e 590. lǽdendra 178. lǽddum 582. mǽst 462. -e 167. 618. sǽ 103.
Im sw. Vb. ǽleđ 222. 526. -ed 366. 522. onǽled 216. 503. dǽleđ 453. ʒedǽled 295. lǽded 577. -ad 345. -ed 491. âlǽdan 251. ʒelǽdeđ 244.
hl. Krz. ǽr 114. 137. -ʒewinn 19. ǽniʒum 48. ǽrest 19. ǽrur 108. hǽlendes 25. hrǽw 53. 72. swǽlan 20.
Im sw. Vb. hǽlan 85. lǽdan 5. ârǽred 44.
Hö. ǽr 12, 54. ǽriste 121. ǽnne 12. hǽdre 53. hǽlend 26. 107. -es 18. sǽs 117.

Im sw. Vb. *lǽdan* 39. *bimǽnan* 4.

4. ǽ auf lat. *â* in:
strǽt An. 1582. *-e* An. 334. 775. 1064 etc. *farodstrǽte* An. 311. 900. *herestrǽte* An. 833. *-strǽta* An. 200.

§ 17.
ê.

1. *ê* = ws. *ǽ*, kent., north., Ps. *ê*.
a) im praet. st. Vb. Kl. V.

An. *zefézon* 592. 659. *ázéfan* 401. *ázêton* 32. *bezête* 378. *onzêton* 534. *sêzon* 711. *zesézon* 455. 581. 883. *þézun* 25. *þêzon* 593. 1114.
Gû. *zefízon* 184. 710. *forsézon* 602. *ofersézon* 237.
Phön. *þézun* 402. 410.
Hö. *sêtun* 81.

b) sonst:
zefréze An. 668. 963. 1121. 1628. *êfna* Gû. 1216. *nêzan* Gù. 1036.

c) *ê* ist Umlaut von *á* = germ. *ai*; ws., north., merc. *ǽ*, kent. *ê*.

éce An. 202. 249 etc., Gù. 33. 97 etc., Phön. 319. 381 etc. *-es* Gù. 755. 1161, Phön. 398. 411. 600. *-ne* An. 636. 884, Gû. 763. 1155. 1241. *-a* Gû. 352. *-an* An. 1386, Gû. 628. 767. 1052, Phön. 482. *blêde* Gû. 819, Phön. 402. 466. *-um* hl. Krz. 149. *wudubléda* Phön. 194. *bǽdewéz* Gû. 958. (poculum).

2. *ê* = westgerm. *ê*.
a) im praet. red. Vb.

An. *onfénz* 1530. *-on* 1632. *hêt*[1]) 330. 587. 793 etc. (11 mal) *-on* 1231. 1274. 1392. *zchête* 1420 (*hcht* 365. 1468). *lêton* 833. 1101. *álêton* 1631. *forlêt* 837. 970. 1039. 1590. *-e* 1456. *-on* 403.

---

[1]) An hat 2 *heht*, 15 *hêt*; hl. Krz. 1 *hêt*; Gû. 1 *heht*, 8 *hêt*; Hö. 1 *heht*; El. (cf. Leiding, 49) zeigt 1 *hêt*, sonst nur *heht*; Jul. nur *hêt*; Ps. und north. haben nur die redupl. Form, vgl. Siev. § 394 Anm.

Gû. *hêt* 659. 1344. 1348. (*heht* 675). *ʒehéte* 427. *-on* 205. 418. 520. 542. *lêt* 749. 924. 1028. *-e* 336. *forlêt* 301.
Phön. *ânforlêton* 438.
hl. Krz. *hêton* 31. *forlêton* 61.
Hö. *onfênʒ* 20. (*heht* 10). *lête* 125.
b) sonst:
hêr An. 1175, Gû. 344. 764. 864. 1102. Phön. 23. 536. 638. 668. hl. Krz. 108. 137.

3. *ê* durch Dehnung von *e* nach Ausfall von *ʒ*.
ʒebrêdan Gû. 1138. *âlêdon* hl. Krz. 63.

§. 18.

î.

1. *î* = germ. *î*, got. *ei*.
a) im st. Vb. Kl. I.
An. *bîdan* 145. 835. *ʒebîdan* 399. *blîcan* 790. 840. *ʒlîdan* 1250. 1306. *ʒlîded* 798. *hrînan* 944. *lîdan* 256. *êalîdendum* 251. *headolidendum* 426. *merelidendum* 353. *mîd* 1211. *farodridende* 440. *ârîsan* 1625. *âris* 938. *scinan* 838. *scîned* 1722. *scrîdan* 1459. *ʒestîʒan* 222. *stîʒe* 1444. *swîce* 960. *-ad* 407. *ʒeswîce* 1292. *wrîtan* 13.
Gû. *bîdan* 759. *-ed* 38. *-ad* 55. *ʒebîdan* 349. 807. *-en* 480. *forʒripen* 346. *hrînan* 254. 381. 491. *mîdan* 680. *-ad* 436. *ârîsad* 3. *scrîdende* 1011. *scinan* 1257. *ʒestîʒan* 763. *ʒeswîc* 247. *beswîcan* 540. *þiʒad* 432.
Phön. *bîded* 47. *ʒebîdan* 562. *-ed* 152. *blîcan* 96. *-ed* 186. 599. *-e* 115. *ʒlîdan* 102. *sîʒad* 337. *stîʒed* 520. *-ad* 542. *scîned* 183. 515. 589. *ʒescîned* 118. *ʒewîcad* 203. *ʒewîte* 554. *-ed* 99. 122. 162. 320. 428. *wlîtad* 341. *ʒeondwlîted* 211. *wrîte* 548.
hl. Krz. *scînan* 15. *ʒestîʒan* 34.
Hö. *bîdan* 14. 88. 129. *scînan* 53.

b) *i* aus *i* durch Ersatzdehnung nach Schwund von *ʒ*.
frînan hl. Krz. 112. *frîne* An. 633. *frînest* An. 629. (vgl. *friʒnest* Gû. 1201).

c) *i* aus *i* durch Dehnung nach Ausfall von *h* hinter Konsonanz (Siev. Btrge. X, 487 ff.).
fira An. 291. 409. 590. 922. 1288. Gû. 836. 961. 1224. Phön. 396. 492. 535.

d) sonst:

An. *blîde* 835. 869 etc. *-heort* 1264. *-heorte* 660. *hiʒeblîde* 1693. *ʒîfrum* 1337. *wælʒîfre* 372. *hrîm* 1259. *handhrîne* 1002. *hwîle* 113. 131. 1480. *-um* 443. 514. *unhwîlen* 1156. *îs* 1263. *îren* 1183. *lîfes* 170. 229 etc. *lîfcearo* 1430. *-fruman* 562. 1286. *-nere* 1091. *lîc* 151. 1240 etc. *mîn* 73 etc. *nîd* 769 etc. *-hetum* 836. *-pleʒan* 414. *rice* 364 etc. *êdelrice* 432. *heofonrices* 52. *rîm* 546 etc. *nihtʒerîmes* 158. *unrîm* 704. *scîre* 838. *sîde* 652. 763. 1069. *sine* 427 etc. *tîd* 214 etc. *tîr* 485. 1683. *-cs* 108. *êadʒe* 2. 665. 885. *þin* 541 etc. *þrist* 1266. *-e* 1654. *þrinesse* 1687. *þritiʒ* 157. *wic* 1312 etc. *wide* 333 etc. *wulfædme* 240. 533. *-fêrende* 279. *-land* 198. *-lâstas* 677. *-ryniʒ* 1509. *wîf* 1668. *-a* 1041. *wîʒend* 1299. (dagegen *wiga* Btrge. X). *wîtiʒan* 802.

Im sw. Vb. *rîcsode* 1118. *swîʒodon* 763. *wîsian* 1101. *wîsiʒe* 488. *wîsode* 381. 987.

Im Fremdworte *wînburʒ* 1639. *-byriʒ* 1674.

Gû. *bîdinʒe* 180. *blîde* 206 etc. *ʒîfran* 346. *ʒîfrum* 378. 969. *wælʒîfre* 972. *hwîle* 394. *-um* 879. *unhwîlen* 1060. *îdel* 187. 279. *-ra* 137. *îdlum* 389. *lîc* 940 etc. *-fate* 1063. *-homan* 134. *-hord* 929. *lîf* 33 etc. *-ʒedâl* 1019. *-fruman* 609. *-welan* 122. *mîn* 280 etc. *nîd* 112 etc. *wælpilum* 1127. *rîcra* 968. *heofonrices* 583. *rîm* 3 etc. *nihtrîm* 1070. *sîde* 854. *-um* 1096. *scîrwered* 1262. *sîd* 340 (got. *seiþs*). *sîdre* 16 (got. *seiþus*). *tîd* 85 etc. *þinra* 430. *wîc* 255 etc. *-eard* 907. *wîd* 267 etc. *wîdeferh* 575. *wîf* 818. *andwîʒes* 147. *wîte* 440 etc. *-dôm* 12. *wîsna* 1144. *wîsdôm* 500 etc.

Im sw. Vb. *rîxade* 837. *wîsad* 333. *-ade* 415.

Phön. *blîde* 620. *blîdan* 599. *ʒîfre* 507. *wælʒîfre* 486. *hrîm* 16. 60. *swylthwîle* 350. *wræchwîle* 527. *lîc* 205 etc. *ʒelicnes* 230. *lichoman* 220. 489. *lîf* 220 etc. *mîn* 56. *nîd* 400. 413. *-a* 451. 469. *ʒenîdla* 50. *heofonrîces* 12. *fædmrîmes* 29.

dôzorrimes 485. scîr 234. 308. tîd 77 etc. tîrfæste 69.
þînes 628. þrist 144. wîc 448 etc. wîf 394. wîfhâdes 357.
-stôwe 468. wîte 644. -dôm 548. wîtezan 30. wîsdôm 30.
wîsan 359.
Im sw. Vb. lîcian 517. swîad 142.
hl. Krz. blîde 122. hwîlum 22. lîces 63. lîfes 126. mînum
30. rîce 119. rîcne 44. -rà 131. scîrne 54. sîde 81. -an
49. wîde 81. wîfa 94. wîte 61.
Hö. blîde 134. blîdne 8. zîfre 9. 5. hwîle 5. lîc 3. 19. mîn
70. nîdlocan 64. rîcc 116. unrîm 49. wîf 4. -monna 40.
-menn 16. byrnwîzend 38. wîs 78. wîtzena 48.
Im sw. Vb. zerîman 116.

2. î aus i vor geschwundenem Nasal + Spirans.

fîf An. 590. 591. fîfe hl. Krz. 8. fîftiz An. 1042. fîftynn Gû.
908. lîđe An. 276. 868, Gû. 740. lîđra An. 437. lîđum Gû.
334. sîđ An. 44. 155 etc., Gû. 115 etc., Phön. 90, 114 etc.,
Hö. 27. 52 etc. sîđfæt An. 420. -fætes An. 204. 211. -fæte
358. 515. -fate An. 663. -frome An. 247. 641, Gû. 893.
-nesan An. 515. -wezum Gû. 859. ealdzesîđa An. 1106. ear-
fođsiđa An. 678. earfeđsidas An. 1285. forđsîđ Gû. 911.
1121. -sîđes Gû. 1023. hinsîđ Hö. 7. wilsîđ An. 1048.
wræcsîđ An. 891. 1360. 1433. -e Gû. 595. 660. -ra Gû. 480.
útsîđes Gû. 1241. zesîđe Gû. 1269. stîđhyczendum An. 742.
1431. -ferhđe An. 722. -môđ hl. Krz. 40. swîđ An. 1209
etc., Gû. 205 etc., Phön. 317, Hö. 30. swîđor Gû. 1098.
swîđra Gû. 201. swîđran hl. Krz. 20.
Im sw. Vb. sîđizean An. 831. sîđian hl. Krz. 68. sîđiad Phön.
584. sîđađe Gû. 896. sîđađest Hö. 71. zeswîđed An. 697.
701. forswîđede Gû. 939.

§. 19.
ô.

1. ô = germ. ô.
   a) im praet. st. Vb. Kl. VI.
An. drôzon 1234. ûhôf 344. 416 etc. âhlôh 454. slôzon 966.
stôd 254. 375. 738. -on 844. 873. 1159. 1714. âstôđ 443.

-on 1627. forstôd 1145. 1542. ʒestôd 707. widstôd 167. stôp 987. 1579. ʒestôp 1584. onwôc 841. -on 683. ʒewôd 1248. onwôd 140.
Gû. fôr 1304. âʒôl 1320. hôfun 383. 871. -on 703. âhôf 370. -un 200. 877. scôp 465. ʒescôp 578. scôde 414. -un 516. ʒescôd 396. 842. stôd 186. 294. -un 696. -an 162. widstôd 875. inʒewôd 912. 1001. Phön. ʒescôd 400. -an 442. ʒescôp 84. 138. stôd 45. hl. Krz. âhôf 44. -on 61. 76. stôd 38. -on 7. 71. ʒestôdon 63. Hö. hlôʒan 21. onwôc 21.

b) im red. Vb.
ʒeblôwene An. 1450, Gû. 1249. ʒeblôwen Gû. 715, Phön. 21. 27. 47. 179. 240. hwôpan Phön. 582. spôwan An. 1546. spôwende Gû. 225. -re Gû. 593.

c) im Vb. dôn.
dôd Gû. 32. 100. 564.

d) durch Ersatzdehnung nach Ausfall von ʒ.
ôðbrôden Gû. 826.

e) sonst:
An. bôceras 607. bôsme 444. bôt 949. blôd 23 etc. -fâʒ 1407. wæterbrôʒan 197. 456. brôðor 942. -sybbum 690. ʒebrôðor 1029. ʒebrôðrum 1016. siʒebrôðor 183. brôðorsybbum 690. dôm 339 etc. -ʒeorn 1310. -ʒeorne 693. 880. -lêase 997. -lîcost 1269. -weorðinʒa 1008. -weorðunʒa 355. flôd 421 etc. mereflôd 1528. laʒoflôdas 244. wæterflôdas 503. fôre 191. 216. 337. fôt 1584. frôfre 95 etc. ʒôda 338. -ne 480. 924. ʒelôme 1165. môdur 687. môd 82. 140 etc. -blinde 815. -ʒeômre 1115. -hord 172. -ʒemynd 688. -rôf 1498. -sefan 1211. -ʒeþildiʒ 983. âcolmôd 1597. ânmôde 1567. bolʒenmôde 128. 1223. dêormôd 626. eaðmôd 270. ʒealʒmôde 32. ʒlædmôd 1061. ʒlêawmôd 1581. onmôd 54. reomiʒmôde 592. wêriʒmôd 1368. ʒemôt 1061. -e 650. ʒenôʒ 1536. rôd 969. -e 1328. 1339. breoʒostôl 209. cynestôle 666. stôwa 121. wôp 1556 etc.
Im sw. Vb. côledon 1258. þrôwian 615. 1470. þrôwiʒan 1369.

þrôwode 1612. -edon 1073. Im Vb. pprs. môte 1418. -an 109 etc. -on 598 etc. môston 1014. môst 105. 115.
Gû. blôd 351. -ʒyte 276. bôte 600. brôdor 1332. brôdorsibbe 776. brôʒa 111. -an 55. dômas 27 etc. dômœdiʒ 699. 925. witedôm 12. 500. dôʒra 292. -um 27. endedôʒor 1125. fôre 528. fôtum 256. frôfor 1184. frôfre 107 etc. ʒôd 141 etc. hrôf 1286. môd 36 etc. -ceare 983. -ʒlædne 1131. -sefan 358. -sorʒe 1024. -ʒepanc 1170. dêormôd 925. ʒemôt 98. -es 207. ʒenôʒ 266. rôde 151. unrôt 1037. -ne 1234. rôwe 184. stôw 117. 186. yrfestôl 1293. stôwe 135. -um 847. 1248. wôp 877. 1020. -es 1313.
Im sw. Vb. côlað 9. -ode 1281. þrôwian 545. Im Vb. pprs. môt 689. 1013. -an 103 etc. -un 191 etc. môste 181. 803. -en 381. 453. -un 197.
Phön. dôʒorrimes 485. dôm 524. 642 etc. -licum 445. ealdordôm 158. wîsdôm 30. witedôm 548. föddor 259. fôtas 311. -um 276. 578. (fôtas spätere angl. (?) Pluralform, ebenso wie tôðas Phön. 407, für ws. fêt, têð; vgl. Siev. §. 281, Anm. 2). merefôd 42. laʒuflôda 70. ʒôda 615. 624. -ra 462. -dœdum 669. hrôfe 173. -as 590. môd 657 etc. dêormôd 88. ʒlœdmôd 462. ʒemôt 491. heudorôfes 228. rôde 643. stôwe 169. wîcstôwe 468. wôp 51.
Im sw. Vb. âcôlad 228. lôcad 101. Im Vb. pprs. môt 361 etc. -e 433. -un 668 etc.
hl. Krz. blôde 48. dômes 107. dômdaʒe 105. ʒôde 70. stîdmôd 40. môdiʒ 41. môdor 92. ʒenôʒe 33. rôd 44. -e 56. 119. 131. Im sw. Vb. côlode 72. þrôwode 84. 98. 145. Im Vb. pprs. môte 127.
Hö. bôsm 110. fôre 33. môdiʒ 22. 25. môdʒe 7. môdor 110. stôwe 100. 104. wôpe 4. Im sw. Vb. âcôlad 6. Im Vb. pprs. môste 42.

2. ô aus ursprgl. a + Nasal vor Spirans.
   a) vor h.

brôhte An. 259. -est Hö. 80. 86. ʒebrôhte An. 273. -on An. 1712. Gû. 259. sôhte An. 28. -on An. 641, Phön. 417, hl. Krz. 133. Hö. 11. -un Gû. 463. 850. 899. ʒesôhte An. 380. 847. 1134. Gû. 325. 930. Hö. 28. -es Hö. 111. -on An. 268.

1123. -un Gû. 859. zesôht Gû. 1118. þôhton An. 150. 694. -an Gû. 298. zeþôhta An. 745. zeþôht Gû. 772.

b) vor ð und f.

ôð An. 268. 464 etc., Gû. 1230. 1286, Phön. 263. ôðer An. 15. 656. Gû. 90. 362. ôðre An. 10. 1677. 1702. Gû. 1092. ôðerne An. 1017. 1165. Gû. 1188. ôðerre An. 443. ôðerra An. 704. ôðrum An. 138. 1053. 1102, Phön. 343.

In den Zusammensetzungen mit oð-: ôðbrôden Gû. 826. -fleôzeð Phön. 347. -rôd Hö. 40. -scûfed Phön. 168. -þêoded An. 1423. -witan An. 1360. -ýwed An. 913. -êawed Phön. 322. Ferner in: sôð An. 526. 603 etc., Gû. 266. 439 etc., Phön. 622. -cyninz Phön. 329. 493. -cwidum An. 733. -fæst An. 386 etc., Phön. 523. -fæstra An. 228, Gû. 477. 539. 762. -fæstlic An. 879. -lice An. 681, Gû. 623. unsôfte Gû. 858. 1080. sôðan Gû. 1238. tôðas Phön. 407. Kontrahiert in onfôn An. 783. 1642, Phön. 192. 433. ymbfôn Hö. 115.

3. ô aus â = germ. ai vor w.

nô An. 3. 562 etc. Gû. 302. 310 etc. ô Phön. 25. 72. ôwîht An. 801. Gû. 290. nôht Gû. 1144.

4. ô = westgerm. â aus germ. got. ê vor Nasal.

a) im praet. von cuman und niman:

côm [1]) An. 88. 124 etc. (10 mal), Gû. 1114. hl. Krz. 151. -on An. 247. 256. 658. 1049. 1071. becôm An. 789. 1668. becômon An. 666. forcôm An. 1327. cwôm An. 739. 1280. Gû. 111. 656 etc. (9 mal). hl. Krz. 155. Hö. 9. 17.. -un Gû. 866. -vn Gû. 183. -an Gû. 321. hl. Krz. 57. -e Gû. 209. 402. becwôm An. 828. bicwôm Gû. 1071. nôman [2]) Gû. 189. binôman Gû. 313. fornôm Phön. 268. zenôm Gû. 713. 818. -an Gû. 673.

---

1) cwôm ist die ältere Form; cf. Sweet, Angl. III, Siev. Btrge. VIII. Wir finden in unsern Gedichten: An. 3 cwôm, 19 côm; hl. Krz. 2 cwôm, 1 côm; Gû. 15 côm, 1 cwôm; Hö. 1 cwôm; bei Cynewulf finden wir: Cri. und Jul. nur cwôm, El. 1 côm (150) und 6 cwôm.

2) Gû., Phön. haben wie Cri., Jul. stets nôm, nômon; El. u. hl. Krz. haben nur die spätws. Form nâm (hl. Krz. 30. 60).

b) sonst:
Mit Diphthongierung in ʒeómor cf. §. 24, 4.
mônađ Hö. 28. mônđa Phön. 66. sóna An. 72. 450. 528 etc., Gû. 965. 996, Phön. 120. wôman An. 1357. dæʒwôman Gû. 1191. dæʒredwôma An. 125. hildewcôman An. 218. Ferner in dem part. praet. ʒedón An. 342. 766. 1446. Gû. 284. 762.

§. 20.
Der Umlaut des ô.

1. *é* ist Umlaut von altem *ó*.

An. *béʒen* 1018. 1029. *béne* 476. 1030. 1615. *-an* 348. *bréme* 209. *-estan* 718. *céne* 1206. 1580. *démend* 87. 1191. *siʒedéma* 661. *édel* 21. 176 etc. *-léasum* 74. *-rice* 120. 432. *ʒeféra* 1011. 1022. *-an* 216. 194 etc. *frécne* 440. 516. 1352. *-ost* 1233. *hrémiʒ* 1701. *-iʒe* 866. *hrérendum* 491. *éadmédum* 321. 981. *widerméda* 1197. *ʒemédost* 594. *réđe* 139. *mæʒenspédum* 1287. *siʒespéd* 646. *siʒorspéd* 911. 1437. *woruldspéde* 318. *wuldorspédiʒe* 428. *swéʒ* 93. 1534. *twéʒen* 689. *wériʒ* 1280 etc. *wéreʒum* 59. *wériʒe* 5‿0. 593. *wériʒferđ* 1402. *-mód* 1368. *lidwériʒum* 482. *sǽwériʒe* 827. 864.
Im sw. Vb. *déman* 75. 1196. 1405. *ʒedréfed* 369. 394. 1531. *áfédde* 589. *fréfran* 367. *-u* 421. *áfréfred* 638. *onhréred* 370. 393. 1304. 1396. *métte* 471. 553. *ʒemétte* 241. 1063. *-on* 143. 1084. *rétan* 1610. *sécan* 308. 698 etc. *-e* 320. 731. *-ed* 911. 1155. *-ađ* 600. 1570. *ʒesócan* 175. 1703. *-anne* 295. 424. *áspédde* 1633. *wémde* 741. 1492.
Im red. Vb. *wép* 1433. · *wépende* 59.
Gû. *béc* 499. 850. *béʒa* 58. 494. *bén* 749. *bréme* 855. *déma* 675. *-an* 590. 755. 1161. *édel* 38. 232 etc. *édle* 326. 773. 816. *édele* 248 (hier die Synkope nicht eingetreten). *édelbodan* 976. *-lond* 628. *-richte* 187. *éhtendra* 496. *ʒeférscype* 1232. *frécne* 162. *frécnessa* 81. 152. *hrédléase* 878. *siʒchrédiʒ* 704. *hrémiʒ* 1079. *éađmédu* 74. *-um* 299. 451. 892. *réđe* 460. *sméđe* 704. *spédiʒ* 667. *mæʒenspéd* 611. *swéʒ* 1289. 1296. *swétum* 1292. *-ast* 1247. *twéʒen* 85. *wériʒra* 1337. *wérʒe* 183. *wériʒmôde* 226. *ádlwériʒne* 982. *ferdwériʒ* 1130.

Im sw. Vb. dêmen 498. -ed 350. ʒedêmed 1032. fére 1269. férde 663. frêfrad 48. afrêfre 994. -ed 286. féded 245. onhrêred 9. ʒemétte 988. -on 824. ʒemêted 502. ʒemédʒad 950. rêce 262. rétan 1035. sêcan 451. 533. -ad 53. 781. ʒesécan 168. -ed 1010. -ad 252. -enne 1062. wêdende 879. ʒewérʒad 1243.
Im red. Vb. wépan 1047.
Phön. édel 158. 427 etc. -lond 279. -tyrf 321. ʒefére 4. ʒefêrscype 1232. frêcnan 390. 450. frêfrend 422. hrêmiʒ 126. hrêmiʒe 592. spéd 394. 640. spédiʒ 10. swéʒ 131. -a 618. swétes 199. -um 214. 652. -ra 132. -estan 193. wêriʒmád 428. hráwêriʒ 554. wéste 169.
Im sw. Vb. dêman 494. ʒedémed 147. áféded 263. mêtad 247. ʒemêted 429. -ed 231. sécan 275. 320 etc.
hl. Krz. édel 156. méde 65. spédiʒ 119. limwêriʒne 63. Im sw. Vb. déman 107. ʒedréfed 20. 59. sêcan 104. 127. ʒesécan 119.
Hö. rédust 36. wêriʒu 4. Im sw. Vb. ʒeondféran 101. sécan 60. 127. ʒesécan 127.

Kürzung ist eingetreten in dem Fremdworte ælmessan Gú. 48. Phön. 453.

2. é = north. ǽ, nicht ws. Umlaut von ó.
fordénera An 43. (Vgl. fordén Cri. 1108. fordóne Cri. 1104. 1249. 1275. -um Cri. 995).

3. é Umlaut von ó = a vor Nasal + Spirans.
1) vor f: ʒesèfte Gú. 704. séftra Gú. 136.
2) h: beféhd An. 327. onféhd Phön. 169. 533. ymbféhd Phön. 276. ʒeféd 143.
3) s: ést An. 339. 517 etc. (7 mal), Gú. 798, Phön. 46. 403.
4) d: fédan An. 591. 1190. fédehwearfum Gú. 162. nédinʒe Gú. 99. ʒenédan An. 952. 1353.

4. é ist Umlaut von wstgerm. á aus germ. é, das vor Nasalen zu ó wurde.
wên An. 1076, Phön. 567. -e Gú. 262. 989, Phön. 546. hl. Krz. 135, Hö. 30. -um An. 1089, Hö. 82. orwéna An. 1109. -an Gú. 599. -nysse Gú. 547. unwênne Gú. 1121. wênad

Gù. 47. 479. -de An. 577. -an An. 1074. 1599. Hö. 14.
-un Gù. 635. cwêman Gù. 277. -ad Gù. 433. -de Gù. 1058.
ʒecwêmde Gù. 922.

§ 21.
û.

1. û = germ. û.
 a) im st. Vb. Kl. II.
An. bebûʒed 333. brúcan 17. 106. 229. 888. 1469. -anne 23.
1162. -ad 280. ʒedúfan 1333.
Gû. bûʒan 73. 1214. -ad 270. bibûʒan 840. 963. brúcan 6.
182. 191. 309. 903. 1164. -ed 354. -ad 46. ʒedúfan 555.
bilûce 1167. scûfan 647.
Phön. bûʒad 157. brúcan 184. 674. lúcan 225. ódscúfed 168.
hl. Krz. bûʒan 36. 42. brúcan 144.
Hö. brúcan 106.
 b) durch Dehnung im st. Vb. frínan.
ʒefrúnan An. 1. -en Gù. 1334. -on hl. Krz. 76.
 c) sonst:
An. brûne 519. brûnwann 1308. bûtan 188. hlûd 740. 1158.
hlûddre 1362. bânhûs 1242. 1407. rûne 134. 627. 1163.
scûrheard 1135. hæʒelscûrum 1259. pûsendo 591. pûsend-
mælum 874. ût 15. 970 etc.
Gû. bûtan 103. 813. 1204. hûs 222. 534. 774. bânhûs 1341.
sâwelhûs 1114. hlûdne 872. rûme 460. rûmmôde 49. rûnwita
1068. hildescûrum 116. slûman 314. (Blrge. X, 507). ût 270.
-sîdes 1241.
Phön. bûtan 358. brûn 296. hûs 202. 212. 228. rûme 14.
scûr 246. winterscûr 18. pûsend 364. -e 151. ût 233.
ûtan 301.

2. û = got. au vor Vokal.
ânbûendra Gù. 59. ʒebûen Gù. 276. foldbûend Gù. 844. -bûendra
Gù. 35. trûwade Gù. 1134. foldbûende Hö. 101.
 a) vor h.
ûhtan An. 235, Hö. 1. 17. þûhte An. 741. 1137, Gû. 411. 488.
1101. hl. Krz. 4. -on An. 440. ʒeþûht Gù. 989. 1096.

b) vor *s*.

ûs An. 265. 342 etc., Gù. 19. 64 etc., Phön. 23. 424 etc., hl. Krz. 73. Hö. 60. *ûser* Hö. 26. 59. 107. *úsic* An. 186, Phön. 630. *ûsse* Gù. 722, Phön. 438. *úscrne* An. 340. 397. 862. *ûssa* An. 1321, Gù. 946. *ûssera* Gù. 726. *ûssum* Gù. 372. *ûre* An. 454, Gù. 260. Hö. 89. *ûrra* Gù. 848. *ûrum* Hö. 97. *fûs* An. 255. 1666, Gù. 918. 1023 etc., Phön. 208. *fûse* hl. Krz. 21. 57. *fûsne* An. 1656, Gù. 773. 1121. 1130. *fûsléod* An. 1531, Gù. 1320. *ellorfûsne* An. 188. 321. *hellefûse* An. 50. *hinfûse* An. 611. *hûsle* Gù. 1274. *hûsulbearn* Gù. 531. *hûselweras* Gù. 761.

c) vor *d*.

ʒûd An. 953 etc. *-frec* An. 1119. *-frecan* Phön. 353. *-frêan* An. 1335. *-ʒelâcan* An. 1602. *-pleʒan* An. 1371. *-ræs* An. 1553. *-rincas* An. 155. 392. *-searo* An. 127. *-ʒeþinʒu* An. 1024. *-ʒeþinʒo* An. 1045. *-weorca* An. 1068. *-ʒewinn* An. 217. *hûde* Gù. 102. *mûd* An. 651. 1302. 1442. Gù. 1095. Hö. 83. *-e* Gù. 1246. *sûdan* Phön. 186. 324. *sûdrador* Phön. 141. *ûdʒenʒe* Gù. 824. *ûdweota* An. 1107. Im Vb. pprs. *cûd* An. 380. 527 etc., Gù. 507. 791. *-e* An. 198. 201 etc., Gù. 266. *-on* An. 753. 1196. *-en* Gù. 723. *-lice* An. 322. *uncûd* Gù. 112. *-es* Gù. 1190. *-ra* An. 178. *unforcûd* An. 475. 1265.

3. *û* im Auslaut:

in bûtu Gù. 351. 900. hl. Krz. 48. *bû* Phön. 402. *hû* An. 190. 573 etc. (14 mal), Gù. 109. 337 etc. (4 mal), Phön. 356. 389. Hö. 76. 84. 90. 100. 104. *hûru* An. 549. Gù. 332. 741. 1194. 1330. hl. Krz. 10. Hö. 15. *tû* Gù. 941. Hö. 11.

§ 22.

ȳ.

1. ȳ ist der Umlaut von *ú*.

An. *cȳnlicor* 361 (Btrge. X, 497). *drȳʒe* 1583. *lȳtlum* 1490. *unlȳtel* 878. 1239. 1272. *-lȳtle* 1495. ʒerȳnu 419. ʒerȳno 1513. ʒerȳmed 1582. *ontȳned* 105. 1614.

Gû. *brŷd* 842. *cŷme* 802. 945 etc. *eftcŷme* 708. *lŷtel* 185. *lŷtle* 394. 452. *zerŷnu* 616. *-e* 1094. *zǽstzerŷnum* 219. 1057. 1086. *ŷtemestan* 1140. *ŷtmestan* 417. *rŷmed* 739. *zerŷme* 196. *ontŷned* 965. *-ed* 458. *-de* 1275.
Phön. *cŷme* 47. 53 etc. *hidercŷme* 421. *bihŷded* 418. *-hŷdde* 170. *dhŷded* 96. *bitŷned* 410. *ontŷnde* 423.
hl. Krz. *zerŷmde* 89.
Hö. *eftcŷmes* 130. *zehŷddan* 13.

2. $\hat{y}$ ist der Umlaut von $\hat{u} = u$ vor Nasal + Spirans.
cŷdan An. 1522. *cŷd* An. 1214. *cŷde* Gû. 1195. *-ed* Gû. 711. *-ad* An. 680, Gû. 500. Phön. 30. 332 etc. *-de* An. 571. 575. etc. *-don* Gû. 707. *zecŷdan* An. 289. 804. *zecŷd* Gû. 1155. *-ed* An. 90. 358. 1437. *-ad* An. 861. *-de* An. 564. 700. 711. Gû. 374. 1133. *-dest* An. 391, Hö. 74. 79. *-enne* Gû. 1223. *-ed* 65. 419. 553. *cŷddu* Phön. 277. *oncŷdiz* Gû. 1199. *oncŷddǽdu* An. 1181. *uncŷddu* Gû. 827. *ealdcŷddu* Phön. 435. *-e* Phön. 351. *hŷde* Gû. 1307. *unhŷdiz* Gû. 1302. *ŷd* An. 443. Hö. 66. *-e* An. 1593. *-a* An. 259. 352 etc. *-um* An. 451. 514 etc., Gû. 1314. *ŷdbord* An. 298. *-fare* An. 902. Phön. 44. *-fŷnde* An. 1549. *-lâde* An. 499. *-lid* An. 445. *-lide* An. 278. *-mere* Phön. 94. *ârŷdu* An. 532. *fŷsan* An. 1700. *-est* An. 1189. *-ed* Gû. 1240. *fŷs* Gû 1151. *fŷsde* Hö. 33. *âfŷsed* Gû. 911, Phön. 274. 654. 657. hl. Krz. 125. *þrŷdum* An. 376, Phön. 326. *-e* Phön. 184. *-beurn* An. 494. *-cyninz* An. 436. *-full* An. 1331. *zeþrŷded* Phön. 486.

3. $\hat{y}$ aus y durch Dehnung nach Ausfall von z.
ânhŷdiz An. 951, Gû. 869. 951. *dëophŷdiz* Gû. 974. *zrumhŷdizes* An. 1696. *miszehŷd* An. 773. (cf. *hyzd* An. 1462. *-um* Gû. 444. 779. Phön. 459).

4. $\hat{y}$ = germ. *ûi* (Leiding, 48).
fŷr Gû. 162. 606, Phön. 219. 366 etc. *-es* Phön. 15. 215. etc. *-e* Phön. 531. *-en* Gû. 1285. *-ene* Gû. 1044. *-num* (mit Syncope) An. 1380. *-bade* Phön. 437. *-znâstas* An. 1548. *-mêlum* An. 1136. *-wara* Phön. 166.

§ 23.
êa (eâ).

1. *êa* = germ. got. *au*.

   a) im praet. st. Vb. Kl. II.

   An. *bêad* 346. *âbêad* 96. *bebêad* 322. 774. 790 etc. *âdrêaʒ* 1484. *-drêah* 971. 1488. *ʒelêah* 1076. *onlêac* 172. 316. 601. *bescêaf* 1193.
   Gû. *âbêad* 131. *bibêad* 1271. *ʒecêas* 852. 907. *drêaʒ* 495. *âdrêaʒ* 503. *flêaʒ* 889. *ʒehrêaw* 686. *bilêac* 1219. *onlêac* 1002. 1117. *têah* 1245. *ʒetêah* 823. *ofertêah* 1254. *âþrêat* 816.
   Phön. *bibêad* 36. *ʒebêad* 401.
   Hö. *âbêad* 56. *âdrêaʒ* 70.

   b) im red. Vb.
   bêatende An. 1545. *bêatad* An. 4 6.

   c) sonst:
   An. *bêaʒa* 271. 303. 476. *bêaʒselu* 1659. *dêafe* 577. *dêad* 87. 431 etc. *-râs* 997. *-rêow* 1316. *-wanʒ* 1005. *êac* 584. 1594. *-an* 1041. *êadiʒ* 54. 463. 881. *-es* 680. *-e* 599. 832. *-ra* 1683. *tîrêadiʒe* 2. 605. *êadfruma* 1294. *-ʒifa* 74. 451. *-welan* 809. *êaʒena* 30. *êaʒum* 760. 912 etc. *êaʒsŷne* 1552. *frêa* 629. 714 etc. *frêan* 457. *hornʒêap* 668. *hêafodʒimme* 31. *-maʒan* 944. *hêafdes* 50. *hêafde* 1425. 1474. *hêah* 668. *hêa* 274. *hêahcyninʒ* 6. *-enʒlas* 887. *-fædera* 877. *-stefn* 266. *hêan* 893. 1089 etc. *hêap* 872. *-e* 696. *-um* 126. *ʒelêafan* 335. *lêan* 387. 950. *edlêan* 1230. *lêas* 1369. 1707. *nêadcofan* 1311. *nêat* 67. *scêatas* 297. 332. *strêam* 854. 1282 etc. *êastrêamas* 1263. *êaʒorstrêam* 379. *-as* 441. *brimstrêamas* 239. 348. *firiʒendstrêam* 390. 1575. *laʒustrêam* 424. *merestrêama* 309. 454. *sǽstrêamas* 750. *strêamfare* 1578. *-ræce* 1582. *-welm* 495. *þêah* 814 etc. *wêan* 675. *wêatâcen* 1121.
   Im sw. Vb. *ʒeþrêatod* 436.
   Gû. *bêame* 819. *-a* 1283. *dêad* 342 etc. *-berende* 822. *-ʒedâl* 936. *-mæʒan* 867. *-weʒes* 964. *êac* 137. 177 etc. *êadiʒ* 147. 412 etc. *êadwelan* 1064. 1090. *dômêadiʒ* 699. *êaʒan*

1275. *éaʒena* 137. *éaʒum* 385. 1228. *éustortíd* 1075. *fréa* 1053. 1195. *fréan* 513. *héafdes* 1276. *-um* 43. *héahđu* 1061. *-um* 768. 910. *-ʒetimbru* 556. *-þrym* 1298. *ʒeléafan* 624. 770. 1084. *léan* 63. 94 etc. *edléanan* 1051. *léus* 804. *þéah* 912 etc. *wéan* 587. Im sw. Vb. *léanode* 420. *ʒeþréatod* 888. Phön. *béaʒ* 602. *-a* 306. *béam* 112. 171 etc. *wudubéama* 75. *déad* 88. 368 etc. *-dene* 416. *-ræced* 48. *éac* 375. *-an* 285. *éadiʒ* 20. 46 etc. *tiréadʒa* 106. *éaʒʒebyrd* 301. *fréan* 675. *héafod* 293. *héafde* 143. 604. *héa* 32. 121. 447. *héah* 23. 429 etc. *-ne* 112. 202. 891. *-cyninʒ* 129. 446. 483. *-môd* 112. *-nesse* 631. *-setle* 515. *-seld* 619 [1]). *héupum* 336. *léaf* 39. *-sceade* 205. *ʒeléafan* 479. *léanc* 386. 475. *léasum* 454. *wælréaf* 273. *scéat* 3. *-a* 396. *stréamas* 120. *firʒenstréam* 100. *laʒustréamas* 62. *wyllestréama* 362. *þéah* 380 etc. *wéatúcen* 51.

hl. Krz. *béam* 97. *-e* 114. 122. *-a* 6. *siʒcbéam* 13. *déađ* 101. *éac* 92. *fréan* 33. *héahne* 40. *héahfædcre* 134. *héafdum* 63. *scéatas* 37. *-um* 8.

Hö. *déađ* 5. *éac* 47. 98. *héahfædra* 47 (cf. § 2c, p. 10 Anm.). *éusterniht* 15. *fréa* 33. *héapa* 18. Im sw. Vb. *réafian* 36.

2. *éa* entstanden aus urspr glch. *a* vor *w*.

a) entspr. got. *ggw*, altn. *ggr* (Siev. § 63).

ʒléaw An. 557. 818. 1499. Phön. 144. Hö. 76. *-es* Gû. 1194. *-e* Phön. 29. *-ne* An. 1650. Gû. 886. *-lice* An. 427. 863. *-môd* An. 1581. Gû. 975. Phön. 571. *-nesse* Gû. 774. *þéaw* An. 25. 177. Gû. 390. 538. *-as* Gû. 132. 238. *-um* Gû. 369. 473. Phön. 444. *meledéawes* Phön. 260. Im red. Vb. *áhéawen* hl. Krz. 29.

b) *a* vor *w*.

féa Gû. 30, hl. Krz. 115. *féara* Gû. 144. *féam* An. 605. *féaloʒ* Gû. 217. *-sceaft* An. 1130. 1558. *-sceafte* An. 367. *-sceaftne* An. 181. *péan* Phön. 312. *þréa* An. 107. Gû. 519.

---

1) *seld*, die angl. Form, steht hier neben der ws.

þréam Gû. 402. 1170. -nédum An. 1266. -niedlum Gû. 668. þréade An. 452. ʒeþréade An. 391, Gû. 45. scéawrad Gû. 25. 51. -iad Gû. 690. Phön. 327. -ode An. 841. Gû. 385, hl. Krz. 137.

3. éa entstanden durch Kontraktion.
   a) westg. *a + o, u* wird zu *éa.*
   téaras Gû. 1029 ¹). -um An. 59. éa An. 1506. -land An. 28. -lond Gû. 1299. -londe Phön. 287. -láda An. 441. -lidendum An. 251. -stréamas An. 1263.
   b) wstg. *á + o, u = éa.*
   néan Phön. 326 (vgl. die wahrscheinlich nach Analogie gebildete Form néah An. 638 etc., Gû. 943 etc., Siev. § 57, 2 d, § 112).

4. *éa* ohne Umlaut, wo er ws. zu erwarten wäre.
   ód-éawed Phön. 322. ʒeéawe Phön. 334. éawed Gû. 57. héahdu Gû. 1061. -um Gû. 768. 910. néadcofan An. 1311.

5. *eá* durch Einwirkung eines vorhergeh. Palat. auf *á (é).*
   ʒeár Gû. 716. 908. -a An. 1389, Gû. 11. -daʒum An. 1521. -ʒemearces Gû. 1215.
   Im st. Vb. Kl. V onʒéaton Gû. 524.

6. *éa* entstanden durch Dehnung aus *ea* nach Schwund von Konsonanz.
   a) von ʒ.
   onʒeán Gû. 210. 273, Phön. 91. tóʒeánes Phön. 11. 124. 421. 579 (vgl. § 9,3a).
   b) von *h* nach *r*.
   méara Gû. 257. méarum An. 1098.

§ 24.
êo, îo (eó, íó, íú).

1. *éo = got. iu.*
   a) im st. Vb. Kl. II.
An. béodan 780. bebéode 729. 1330. dréoʒan 1246. ádreoʒanne 73. ʒéotende 393. 1510. 1592. ʒréotan 1714. héofende 1559.

---
¹) vgl. die nicht kontrahierte Form teaʒor Gû. 1314.

hléotest 480. *hréosað* 1440. *hréoðan* 128; schwach flektiert: *léorde* 124. *-an* 1044.

Gû. *âbêodan* 1348. *drêoʒan* 206. 230. 312. 1323. *-eð* 357. 1329. *-að* 20. 190. *âdrêoʒan* 487. *-eð* 63. *ʒedrêosan* 343. *ʒéotan* 1029. *hléotan* 945. 1014. *hréowed* 783. *forléosað* 474. *nêotan* 804. 1347; schwach flektiert *oferlêordun* 698. Phön. *béoded* 497. *cêose* 553. *-að* 479. *ʒecéosed* 382. *drêosed* 261. *-að* 34. *fléoʒan* 163. *-ed* 322. *ôdfléoʒed* 347. *hréosað* 60. *nêotan* 149. 361. 384.

hl. Krz. *ʒréotende* 70.

Hö. *berêotan* 6.

b) sonst:

An. *béodʒâstes* 1090. *déop* 190 etc. *ʒéoc* 1587. *-e* 1032. 1154. 1569. *-ead* 548. 903. *heofonléohte* 976. *hréoh* 466. 1544. *hrêo* 749. *léof* 1253. 1581 etc. *léofost* 575. 937. 1354. *léofesta* 307. 595. 629. 812. 1433. *léoflîc* 1448. *-wendum* 1292. *léoht* 77. 124. 1019. 1613. *-fruma* 387. 1415. *heofonléohte* 976. *nêod* 158. *limséoce* 579. *þêod* 1100. 1114 etc. *þêoden* 290. 323 etc. *þêodnes* 3. 94. *-nas* 363. *-ne* 1009. *þêodenhold* 384. *elþêodiʒe* 63. 199. 280. *ellþéodiʒes* 678. *-þéodiʒne* 1456. 1561. *-þéodiʒra* 16. 1177. *-þéodiʒum* 163. *þêodbealo* 1137. *-sceaða* 1117.

Im sw. Vb. *nêosan* (mit Schwund von *h*; Siev. § 221,2) 484. 832. 1027. 1391.

Gû. *déop* 1266. *-e* 526. *-an* 964. *-ra* 830. *-hyczende* 1085. *-lîc* 1103. *ʒéoce* 108. 710 etc. *ʒéocor* 1021. *-ne* 1111. *ʒéocran* 949. *ʒéocend* 1105. *hléor* 305. *léofe* 769 etc. *léofost* 1176. *léofast* 1146. *léofesta* 661. *-an* 627. 977 etc. *léoht* 457. 555 etc. *-an* 806. *nêod* 300. *séoc* 1050. *-nan* 1041. *môdséocne* 1235. *þêodnes* 356. 1039. *þêoda* 238. *-um* 473.

Im sw. Vb. *léofedan* 110. *nêosan* 321. 691. 1119. 1339. *-ade* 931. 974. *-edon* 892. *-endes* 1190.

Phön. *hréoh* 58. 217. *léofne* 345. 561. *-lîc* 440. *léoht* 288. 508 etc. *nêod* 189. 432. *þêode* 160. *-a* 341. *þéodnes* 68. 605. *-ne* 165.

Im sw. Vb. *ʒenéosað* 352.

hl. Krz. *déopan* 75. *léofa* 78. *léohte* 5. *þéodne* 69.
Hö. *déope* 108. *þéoden* 59. 130.

2. *éo* aus wstgerm. *eu* vor *w* (wo got. *iggw*, altn. *ygg(v)* eintritt).
éow An. 886. 972 etc., Gú. 283. *-re* Gú. 437. *-ic* An. 884.
tréow Gú. 419. 515. *-e* An. 214. *-um* Gú. 1269. *tréowzeþoftan* An. 1052. *zetréowe* An. 986. *zetréoweste* Gú. 681. *zetréowde* Gú. 406. 513. *hréowceariz* Gú. 1026. hl. Krz. 25.

3. *éo* aus *e(i)* vor *w*, zwischen denen sich ein *u* entwickelt, das mit dem vorausgeh. kurzen Vokal zu einem langen Diphthongen verschmilzt.
enéo Phön. 459. 514. *enéowum* Gú. 1014. *cnéorisse* An. 207. *-rissum* Gú. 791. *-mázum* An. 685. *féowere* Gú. 1107. *féowertiz* An. 103. *-týne* An. 1595. *hléo* An. 101. 506 etc. Gú. 985. 1034. 1339. Phön. 429. 574. *-léasan* An. 131. *tréow* Gú. 419. 515. Phön. 200. hl. Krz. 4. 14. 25. *zealztréowe* hl. Krz. 146. *þéow* Gú. 128. 285 etc. *láréow* An. 404. 1323. *þéowad* Gú. 62. *þéowde* Gú. 712.

Jedoch finden sich bei den Wörtern auf *eow* aus *ew* zahlreiche Ausnahmen, die für Kürze sprechen. (Siev. Btrge. X, 490).
cneowum Gú. 1014. *treowe* Phön. 643. *-um* Phön. 76. *þeowan* Gú. 894 (dat. von *þeowa*). *þeowiad* Gú. 40.

Nach Sievers ist hier die Ueberlieferung verderbt; die ob. Formen sind zu ersetzen durch *cnéom*, *tréo*, *tréom*, *þéow*, *þéowad* (wie *neosian* durch *néosan* sw. Vb. Kl. II).

4. *éo* entspricht urspr. *awi*, das wahrscheinlich durch Umlaut *ewi* geworden ist.
éowde An. 1671.

5. *éo* entstanden durch Kontraction. Siev. § 110 ff.

a) westgerm. *ë* + *o*, *o*, *u* wird *éo (ío)*.
zeféon [dagegen subst. *zeféa* Phön. 607. *zeféan* An 347 etc. (5 mal), Gú. 19. 353. Phön. 569. *zeféalic* Gú. 629. Phön. 510.] Gú. 392. Phön. 248. *zeséon* An. 761. 989. 1015. 1716. Gú. 457. 1053. Phön. 675. Hö. 43. *zesion* An. 1227. *zeséoh* An. 1283. 1443. *zetwéode* Gú. 515. *léontiz* An. 1307.

b) westg. *i, i* + *ę, o, u* wird *io, ėo.*
fėond Gû. 107. 775. 836 955. Phön. 595. *-es* An. 20. 49. 1198.
1296. 1695. Phön. 419. *-as* Gû. 720. hl. Krz. 76. *-a* An.
1621. Gû. 157. 663 etc. Phön. 449. *-um* Gû. 745. Hö. 98.
caldfėomd Gû. 336. *-es* Phön. 401. *-a* Gû. 112. Phön. 449.
zefronde An. 1586. *frėond* An. 1155. Gû. 687. hl. Krz. 144.
-as hl. Krz. 76. *-a* An. 936. 1130. 1707. Gû. 985. hl. Krz.
132. *-scipe* An. 478. *hėo* Gû. 788. *sėo* Gû. 185. *sio* An.
167. 207. *lėon* An. 798. *blėo* Gû. 883. *-bryzdum* Phön.
292. *blėom* Phön. 22. *nėole* Gû. 535. *onwrėoh* hl. Krz. 97.

c) westg. *i, i* + *a* = ws. *ėo (io).*
dėoful An. 1170. 1316. *dioful* An. 1300. *dėofles* An. 43. 141.
611. 1191. Gû. 822. *-a* Gû. 867. *dėofulzild* An. 1690.
dėofolzild An. 1643. *frėo* An. 598. *-lice* An. 293. *-dryhten*
Gû. 994.

d) *ėo* durch Kontraktion im praet. red. Vb.
An. *bėoton* 239. 442. *oncnėow* 529. 672. 845. 857. *-on* 877.
1339. *fėoll* 920. *flėow* 1526. 1575. *hėoldon* 1516. *zchėoldon*
346. *ahlėop* 737. *-on* 1204. *hrėopon* 1158. *spėon* 597.
onspėon 671, *-spėonn* 470. *zespėow* 1346. *wėop* 1102. *wėoll*
770. 1242 etc. (6 mal). *awėoll* 1525. *wėox* 568. 1538. 1679.
Gû. *oncnėow* 930. 1172. *inzefėol* 981. *hėold* 708. *-on* 701.
bihėold 76. *zchėold* 514 *ahnėop* 819. *hrėopun* 878. *hwėopan*
161. *wėol* 952. 1314. *wėox* 366.
Phön. *zchėoldan* 476.
hl. Krz. *behėold* 25. 58. *-an* 9. 64. *wėop* 55.
Hö. *frollan* 39. *hėold* 73.

4. *ėo* aus *ō* nach Palatal.
zeómor An. 1010. 1410. Gû. 1181. 1327. Phön. 556 etc. *-môd*
An. 1400. Hö. 52. *-môdes* Gû. 1033. *-môde* An. 406. Phön.
353. 411. *-zùld* An. 1550. *hyzezcómor* An. 1089. 1559. Gû.
1129. *-zcómre* Gû. 857. 900. *môdzcómre* 1115. 1710. *zeómurne* Gû. 1310. *zcómrende* Gû. 1021. *zcômriende* An. 1667.
Im st. Vb. Kl. VI *zesceód* An. 1117. *-e* An. 18. 1422. *sceócon*
An. 1141.

5. éo aus eo durch Ersatzdehnung nach Ausfall von h.
féore Gû. 101. 520. féores Hö. 20. (Kürze belegt in feore An.
106. 284. 811. 1454. 1540. Gû. 812. feores An. 1109. 1132.
Gû. 599. bewirkt durch Anlehnung an feorh; Siev. Blrge.
X, 489). swéoran Phön. 305.

8. éo für éa.
déozollice An. 621. zetéode An. 14 (zum sw. Vb. *téon, got.
taujan).

9. éo (io) ohne Umlaut, wo er ws. zu erwarten wäre.
néowinza An. 1396. niowan An. 1672. stéoran An. 495. -end
An. 1338. stréonan An. 331. spiowdon Gû. 884. þéostorcofan
Gû. 1168. þeostra Gû. 668. (cf. þŷstre Hö. 55. þŷstro Gû.
607. hl. Krz. 52. -um Gû. 1255).

§ 25.
Der i-Umlaut von éa.

1. íe ist der i-Umlaut von éa.
ziemde Gû. 121. niedum An. 1379. þréaniedlum Gû. 668.

2. í ist der i-Umlaut von éa.
zímdon An. 139. dizol An. 698. dizle An. 626. hiz An. 38.
ízland An. 15. -lond Phön. 9. liz Gû. 164. Phön. 39. 218.
268. 505. -es Phön. 434. -e An. 1543. Gû. 1045. Phön. 533.
-bryne Phön. 577. -þrœce 225. 370. ícest An. 1192.

3. ŷ ist der i-Umlaut von éa.
Im sw. Vb.: forbŷzan Hö. 35. (cf. é). zedŷzed Gû. 407. zecŷzd
Phön. 454. hŷran An. 1169. 1608. 1641. Gû. 251. 425. 576.
-ad An. 679. -de An. 360. Phön. 129. Hö. 83. -on An. 612.
Gû. 79. zehŷran An. 341. 595. 812. Gû. 4. 1143. hl. Krz. 78.
-ad An. 1199. Phön. 548. -de An. 574. 651. hl. Krz. 26.
-on An. 577. 896. Hö. 90. -un Phön. 444. zehŷred An. 92.
1556. Gû. 1290. 1298. lŷfan Gû. 565. -de Gû. 380. álŷfde
Gû. 452. -ed Gû. 394. 584. 1222. Phön. 667. zelŷfan An.
734. -e An. 1286. Gû. 609. Hö. 67. -don An. 142. 562. 814.
-ed Gû. 185. ánzelŷfad Hö. 69. lŷsan hl. Krz. 41. álŷsan
An. 946. 1566. -e An. 100. 1375. -ed An. 112. Phön. 566.

-ed An. 1151. 1474. *tôlŷsan* An. 151. -ed Gû. 1263. *onlŷsde* hl. Krz. 147. *ŝwad* Gû. 473. *ŝwdon* Gû. 114. -ed An. 974. *ætŝwan* An. 729. -dest Hö. 114. -de An. 1170. 1298. 1664. *ôdŷwed* An. 913. *bŷman* Phön. 134. 497. *ʒehŷnde* Gû. 569. -*hŷned* Gû. 544. *stŝmed* Phön. 213. Sonst: *dŷʒle* Gû. 130. 186. 437. *hŷhst* Gû. 34. *-an* Gû. 44. *nŷhstan* Gû. 416. 991. 1141. *hlŝt* 6. 14. *nŷd* Gû. 669. *-um* Gû. 212. *-costinʒum* Gû. 1126. *-ʒedâl* Gû. 906. *-ʒedâles* Gû. 1141. *-ʒedâle* Gû. 416. *-wræce* Gû. 525. *scŷna* An. 767. *-e* Phön. 300. 308. 591. *ŷdast* Phön. 113. (cf. *êdost* El. 1294).

4. *ê* ist der *i*-Umlaut von *êa* (angl.)
Im sw. Vb. vor ʒ: *forbêʒan* An. 1335. *bedêʒlad* Phön. 98. *ʒehêʒan* An. 932. Phön. 493. *medelhêʒendra* An. 262. *mædelhêʒende* An. 609. 1098.
Sonst: *dêʒle* Gû. 925. *lêʒ* Gû. 567. *-es* An. 1554. *-e* Gû. 346. 596. *âdlêʒ* Phön. 222.
Vor *h*: *hêhdo* An. 875. 1000. 1146.
Sonst: *êstan* Phön. 94. (*êastan* Phön. 102. 290. 325. Gû. 1265). *ʒeêde* Gû. 1179. *hêrra* Phön. 28. (spec. north., ws. *hîerra*, *hŝrra;* Siev. § 307). *ombichthêra* Gû. 571. *hêndum*[1]) An. 117. 1469. *ʒehêr* An. 1500. *-ed* An. 168. *nêde* An. 115. *nearonêdum* An. 102. *þrêanêdum* An. 1266. *bestêmdon* An. 487. *-ed* An. 1241. 1477. hl. Krz. 22. 48.

Der Palatal-Umlaut von *éa*.

1. *éa* wird im spätws. vor Palat. zu *ê* (Siev. § 101,2), ebenso north., merc.:
nêh An. 542. 822. 835. 993. 1254. (vgl. *néah* An. 359. Gû. stets *néah* 916. 971. 1110). *þêh* An. 271. 515. 858. 902. 957. 1611.

2. *é* ist palat. Umlaut in umgekehrter Richtung nach ʒ, c, sc; (spätws.):
tôʒénes (hier *éa* durch Ersatzdehnung aus *ea* nach Schwund von ʒ; cf. § 23,6a) An. 45. 657. 1013. (*tôʒeánes* Phön. 11. 124.

---

1) Leiding setzt diese north. Form ein für *hiendu* Cri. 591 und erhält so den zerstörten north. Reim wieder.

421. 579). ʒenewidum An. 800. (Palat. Umlaut ohne Dehnung in ʒeʒnsleʒe An. 1358. ʒeʒninʒa An. 1351. 1356. ʒeʒnunʒa Gû. 785). El. hat 2 onʒén, 1 onʒeân; Cri., Jul., Gû. haben nur onʒeân.

§ 26.
Der i-Umlaut von êo.

1. ie ist der i-Umlaut von êo.
ʒesiene hl. Krz. 46.

2. i ist der i-Umlaut von êo.
Vor h: áflihd Gû. 475. lihted Phön. 587. þihd Gû. 369. Sonst: caldfind Hö. 89. (vgl. fréondas hl. Krz. 76. § 24, 3). ʒliwe Phön. 139. hiw An. 725. 1171. Gû. 682. 881. -es Gû. 872. -e Phön. 81. 291. 302. 311. edniwe Phön. 77 etc. (8 mal), An. 1016. edniwinʒa An. 784. niwe Gû. 714. 795. Phön. 266. 431. -an An. 123. 1305. Phön. 400. -ra Gû. 805. ʒeniwad An. 1012. Gû. 926. Phön. 279. 58. hl. Krz. 148. betwinum An. 1105. þrinesse An. 1687.

3. ŷ ist der i-Umlaut von êo.
Vor h + Konsonanz: flŷhd Phön. 460. áflŷhd Phön. 155. lŷhted Phön. 187. lŷhte An. 1399. inlŷhted Gû. 627. -lŷhte Gû. 70.
Sonst: dŷre Gû. 665. -a Hö. 70. hŷra Gû. 368. onsŷn Gû. 114. 471 etc., Phön. 55. 398. onsŷnn Gû 690. -e An. 721. 912. 1501. Gû. 430 etc., Phön. 600. ʒesŷne An. 526. 549. 1604. -ra An. 565. eaʒsŷne An. 1552. wæfersŷne hl. Krz. 31. tŷn An. 1514. féowertŷne An. 1595. fiftŷnu Gû. 908. stŷrend An. 121. -ed Gû. 391. -ed An. 1094. ʒestrŷnad Phön. 392. ʒetrŷwe Gû. 61.. þŷstro[1]) hl. Krz. 52. þŷstre Hö. 55. þrŷ (spätws.) An. 245. 802. 1416. ʒeþŷded Gû. 971. underþŷded Gû. 575.

---

[1] Vgl. þeostra Gû. 668. El. þéostru 767. þŷstru 307. Cri. 4 éo, 4 ŷ; Jul. 4 ŷ.

B. Die Vokale in nicht hochtoniger Silbe.
I. Der Vokal der Ableitungssilben.

-ud, -od, -ed:

In *weorud* hat An. 9 *u*, 13 *o*; Gû. 3 *u*, 1 *o*; Phön. 2 *u*, 1 *o*, 1 *e*; hl. Krz. 2 *o*; Hö. 2 *u*, 2 *o*. In *meotud* hat An. 22 *u*; Gû. 8 *u*; Phön. 6 *u*, 1 *o*; Hö. 1 *u*. *hêafod* Phön. 293. *-ʒimme* An. 31. *-mâʒan* An. 944.

-ud̆, -od̆, -ed̆:

In *ʒeoʒud̆* hat An. 1 *u*, 4 *o* (darunter *duʒud̆e* and *êoʒud̆e* 1124. mit Schwund des anlaut. Palat.), Gû. 4 *u*; in *duʒud̆* hat An. 8 *u*, 7 *o*, 3 *e*; Gû. 5 *u*, 2 *e*; Phön. 2 *u*, 1 *e*. *orod̆* Gû. 997. 1128. 1245. 1252. *ored̆e* Gû. 1138. 1199. *earfod̆a* findet sich Cri. 1266., Gû. hat 8 *e*, An. 1 *e*; in Nominalcompos. *earfod̆sidu* An. 678. *earfed̆sid̆as* An. 1285. *eafod̆* An. 30. *eafed̆um* 142. *farud̆* hat *farud̆e* An. 236. *farod̆e* An. 255. 1660. *farod̆lâcende* An. 507. *-ridende* An. 440. *-strǣte* An. 311. 900. *merefarod̆e* An. 289. 351. El. hat 2 mal den *u*-Umlaut von *a* (angl.) *fearod̆henʒestas* 226. *sǣfearod̆e* 251. In *warud̆* hat An. *warud̆e* 240. *-od̆e* 263. *-od̆a* 306. *warod̆farud̆a* 197. *warud̆ʒewinn* 439.

In dem Suffix der Ordinalzahlen hat Gû. *eahted̆un* 1010. *seofod̆a* 1114.

Phön. 493. *seonod̆*. An. 1446. *darod̆a*. An. 1404. *drohtnod̆*.

-ul, -ol, -el:

atol An. 1314. *atolu* An. 1298. *utulne* An. 53. *atela* Gû. 87. *utule* Gû. 534. *stadulfæst* An. 1338. *stadolfæst* An. 121. *stadole* An. 1505. *stadelum* Gû. 1248. Im sw. Vb. *stadoliʒe* An. 82. *stadolad̆e* An. 800. *stadelode* Phön. 130. *ʒestadolad̆e* An. 536. *ʒestadolode* An. 162. *ʒestadelad* Phön. 474. *stadelian* Gû. 1083. *stapul* An. 1064. *stapulas* An. 1496. *dêoful* An. 1170. 1316. *-ʒild* An. 1690. *dêoʒollice* An. 621. *ʒafulrǣdenne* An. 296. Gû. 959. *ʒomol* Phön. 154. *ʒomel* Phön. 258. *heafolan* An. 1114. *heafelan* Gû. 1244. Phön. 604. *sweotulra* An. 565. *sweotulum* An. 743. *ʒepancul* An. 462. *-ol* An. 341. Mit Svarabhukti in *hûsulbeurn* Gû 531. *hûselwerus*

Gû. 761. *tuuʒol* Phön. 96. *sâwul* Gû. 522. 1062. *sâwel* Gû. 1238. Phön. 523. (*sâwel* Gû. 379. 506. hl. Krz. 120). *æppel* Phön. 403 etc. *fuʒel* Phön. 86 etc.

-*ur*, -*or*, -*er*:

ærur hl. Krz. 108. *doʒor* Gû. 1011. -*rimes* Phön. 485. *endedoʒor* Gû. 905. 1125. 1140. 1174. 1259. *euforan* An. 1112. 1629. *euforum* An. 780. *euferum* Gû. 827. Phön. 405. *furdur* An. 1352. 1491. 1520. *furdor* Gû. 1195. Phön. 286. *ʒeornor* Gû. 109. *oftor* hl. Krz. 128. *sicidor* Gû. 1098. *rodor* An. 521. *rodera* An. 627. 817. Gû. 654. 764. Phön. 664. -*um* Phön. 14. *eastortid* Gû. 1075. *easterniht* Hö. 15. *brôđor* An. 942. -*sibbe* Gû. 776. -*sybbum* An. 690. *dohtor* Hö. 10. *môdur* An. 687. *môdor* Hö. 110. hl. Krz. 92. *tapur* Phön. 114. *tôʒædore* An. 1440. (*tôʒædere* Phön. 225. *ætʒædere* An. 994). Mit Svarabhakti in: *fæʒer* Phön. 360 etc. *frôfor* Gû. 1184. *ʒeômor* An. 1010. 1410. Gû. 1181. 1328. *ʒeômurne* Gû. 1310. *hluttor* Phön. 183. *hunʒor* Gû. 264. *seolfor* An. 338. *sundor* An. 1163. *sweonʒor* Phön. 315. *wundor* An. 730 etc. *wuldor* An. 1319 etc. *heolstor* An. 1193. -*cofa* Phön. 49. -*loca* An. 144. 1007. -*scuwa* An. 1255.

-*un*, -*on*, -*en*:

ʒeofon An. 1510. 1597. 1626. -*ones* An. 854, Phön. 118. -*one* An. 498. -*ene* An. 1533. 1617. In *heofon* hat An. 9 *o*, 3 *e*; Gû. nur *o*; Phön. 1 *u*, 9 *o*; hl. Krz. 2 *o*, 4 *e*. *seofon* An. 114. 1675. -*a* An. 1313. -*e* An. 996. Mit Svarabhakti in *tâcen* An. 29. 88 etc. (vgl. § 15, 2b).

-*ad*, -*ed*:

lonʒad Gû. 330. -*edas* Gû. 287. 301. *drohtad* An. 313. 369. 1283. 1387. 1541. Gû. 656. Phön. 416.

-*unʒ*, -*inʒ*:

bletsunʒe An. 223. -*a* Gû. 644. *brosnunʒ* Gû. 800. *costinʒa* Gû 9. *costunʒ* Gû. 409. *dearninʒa* Gû. 1226. *færinʒa* Gû. 911. Phön. 530. *frâsunʒa* Gû. 160. *ʒieddinʒa* Phön. 549. *lêođʒiddinʒa* An. 1481. *ʒitsunʒa* Gû. 121. *ʒnornunʒa* Gû. 516. *lanʒunʒ-hwîle* Phön. 126. *ʒeʒninʒa* An. 1351. 1356.

ʒeʒnunʒa Gû. 785. *leornunʒ* An. 1484. *edniwinʒa* An. 784. Phön. 534. *nêdinʒe* Gû. 99. *stihtunʒ* Gû. 1104. ʒepeahtinʒum Gû. 618. *þrôwinʒum* Gû. 365. 750. *sinciveordunʒa* An. 212. 477. *semninʒa* An. 464. 821. *dômiceordunʒa* An. 272. 355. 477. *-weordinʒa* An. 1008.

-nis wechselt mit *-nes*[1]) (Btrge. VI,142; Paul *-nis (nys)* im Ps. und north. überwiegend, *-nes* im ws.)

An. *anlicnes* 7. 17. *onlicnes* 731. *anlicnesse* 713. *þrŷnesse* 1687.
Gû. *blindnesse* 600. *frécnessa* 81. 152. *ʒrimnysse* 550. ʒléawnesse 774. *herenisse* 588. *þrŷnesse* 618. *wǽrnysse* 643. *orwênnysse* 547. *ʒewitnesse* 692. 730.
Pöhn. *héahnesse* 631. ʒelicnes 230.

-lic und *lic.*

Nach Siev. Btrge. X,504 ist Länge erforderlich in *wundorlice* Phön. 359. *-licor* Phön. 127. ʒǽstlicum Gû. 148.

Ueber die Superlat. Bildg. vgl. § 51.

II. Der dunkle Vokal der Flexionssilben.

1. *u, o* im plur. neutr. der o-Stämme.
cleofu An. 310. *stânclifu* Phön. 22. *hofu* An. 840. *locu* Hö. 34.

2. *u, o* in den *wo*-Stämmen.
bearo Phön. 67. *searo* Gû. 822. Phön. 419.
In Compositis: *sunbearo* Phön. 33. *bealowid* Gû. 781. *-sorʒe* Phön. 409. *bcaluclommum* Hö. 65. *searocǽʒum* Gû. 1118. *-cræftum* Gû. 112. 540. 641. *-lice* Phön. 297.

3. *u, o* in den kurzsilb. *â*-Stämmen.
sacu Gû. 650, Phön. 54. *wracu* Gû. 1054, Phön. 51. 54. *lufu* Gû. 9. 741. 937. 1162. *scolu* Gû. 175. Phön. 560.
In Compositis: *lifcearo* An. 1430. *môdcearu* Gû. 166. *sorʒcearu* Gû. 939. ʒǽstcwalu Gû. 651.

---

1) Nach Leiding hat Fl. nur *-nes*; Cri. 3 *-nes*, 2 *-nys*; Jul. 1 *-nes*, 2 *-nis*.

4. *u, o* in den ursprünglich dreisilb. Abstractis auf got. *-iþa*.

cýðđu Phön. 434. *strenʒðu* Phön. 625. *fǽhðu* Gú. 137. *fǽhðo* An. 1388. *héahðu* Gú. 1061. *héhðo* An. 875. 1000. 1146. *weordmyndu* Gú. 434. *yrmðu* An. 1386. Phön. 52. 405. 614. *yrmðo* An. 1193. *ermðu* An. 1164. Gú. 418.

5. *u, o* in der *u*-Deklination. *sunu* (vgl. § 7,1 b). *duru* (§ 7,1 b). *wudu* (§ 30). *meodu* An. 1528. *maʒu* Gú. 983. *-þeʒn* An. 366. *-þeʒne* An. 94. *-þeʒnas* An. 1142. *maʒoþeʒne* An. 1209. *-rædendes* An. 1463. *breoʒo* An. 305. *-stól* An. 209. *breʒo* (§ 10,2 b). An. 61. 540. Phön. 497. 620. *heorudolʒum* An. 941. *-ʒrǽdiʒra* An. 79. *-swenʒum* An. 954. *heorodréoriʒ* An. 998. *-dréoriʒe* An. 1085. *-ʒrǽdiʒe* An. 38. *-dréorʒes* Phön. 217. *-ʒrim* Gú. 952. *-ʒrimme* An. 31. *-sceorp* Hö. 73. *laʒu* An. 437. Phön. 101. *-fæsten* An. 398. 826. *-flóda* Phön. 70. *-mearʒ* Gú. 1306. *-stréam* An. 423. *-stréamas* Phön. 63. *laʒoflódas* An. 244. *-láde* An. 314. Ferner *friodu, liodu* im ersten Glied von Compositis: *freoduweard* Gú. 143. *freodoléas* An. 29. *-wǽre* An. 1632. *leodubendum* An. 164. 1375. *leodobendum* An. 1035.

6. *u, o* in den Abstractis (sw. Fem.) *hǽlu* Gú. 142. 406. *hǽlo* An. 95, Gú. 368. 862. *meniʒo* An. 6 mal. *meniʒeo* An. 1692. *menʒo* Hö. 25. 57. *menʒu* Gú. 39. 156. 172. 208. *aldu* Gú. 80. *yldu* Phön. 614. *ʒebǽru* Gú. 387. Phön. 125. *ʒebǽro* An. 1572. *onbǽru* Gú. 1027. *ʒerfnu* An. 419. *ʒerfno* An. 1513. *héahʒetimbru* Gú. 556. Auch hier scheiden sich An. und hl. Krz. von Gú., Phön. und Hö., welche länger den dunklen Vokal bewahren, während in den beiden ersten Dichtungen *o* überwiegt.

§ 28.

Der Vokal in den Präfixen.

be- und *bi-*.

An. hat 60 *be*, 1 *bi* (*bisencte* 1593); hl. Krz. 11 *be*; Gú 12 *be*, 48 *bi*; Phön. 4 *be*, 28 *bi*; Hö. 4 *be*, 3 *bi*.

Nach Leiding verhält sich bei Cynewulf *be* : *bi* = 17 : 51 (Cri.)
= 1 : 28 (Jul.) = 62 : 2 (El.)

æf- und *of-*. (*of-* ist die proklit. Form als Präpos. und in der Verbalcompos.) In der Nominalkompos. die betonte Form *æf-* als *of-* in *ofost, ofst* mit Kürze, ebenso wie *æfest, æfst* (Btrge. X, 495). *æfeste* Gû. 158 (2teilig gemessen am Versschluss). *æfest* Phön. 401. *æfstum* An. 610. Gû. 684. *ofost* An. 1567. -*lice* An. 1627. *ofstlice* An. 299. 793. *ofestum* Gû. 1270. *ofostlice* Gû. 1174. *ofestlice* Gû. 1301. *ofestum* Phön. 190. Nach Leiding hat El. stets Syncope, Cri. und Jul. Erhalt des Vokals.

æt- in der Verbalcomposition findet sich:
ætfæstan An. 1349. -*þringan* An. 1373. -*wist* Gû. 471. -*ŷwdest* Hö. 114. -*ŷwde* An. 1170. 1298. 1664. -*ŷwan* An. 729.

an- in Verbalcompos. entweder *and-* oder *ana-*; die gewöhnliche Form ist *on-* (vgl. Cosijn § 108,3).

an- kommt in unseren Dichtungen nicht vor.

in- für sonst *on-* der Verbalcompos. findet sich:
inæled Gû. 640. -*bryrded* Gû. 626. (An. *onbryrded* 122. 1120. Phön. 126. -*bryrdon* Hö. 136). -*lŷhte* Gû. 70. -*lŷhted* Gû. 627.

and- in der Partikelcomp. als *on-* in:
onʒeán Gû. 210. 273. Phön. 91.

§ 29.
Syncope des Mittelvokals.

Syncope tritt der Regel nach nur nach langer Wurzelsilbe ein, und zwar muss der Mittelvokal einzeln, ursprünglich kurz und nicht durch Position geschützt sein. · Auch alte lange Mittelvokale werden zuweilen syncopiert; dabei ist wohl eine urags. Verkürzung vorausgegangen (Siev. § 146). Hierher gehören die Adject. auf -*iʒ* aus -*íʒ*:

An. *eádiʒe* 599. 832. *eádiʒes* 680. *tiréadiʒe* 2. 665. 885. *blôdiʒe* 1444. *blôdiʒum* 159. *cræftiʒa* 1635. *mácræftiʒe* 257.

fâmiʒe 1526. ʒrǣdiʒe 155. heorodréoriʒe 1085. heoroʒrǣdiʒe
38. wǣlʒrǣdiʒe 135. hâliʒe 877. 887. 1521. hâliʒes 1002.
1480. 1588. 1623 etc. (9 mal). hâlʒa (16 mal). hâlʒan (14 mal).
hâlʒum 328. 1056. 1722. hâleʒum 104. hrḗmiʒe 866. ʒramhydiʒes 1696. môdiʒe 1517 (4 mal). môdiʒa 1634. -an 1051.
sârʒan 60. wansǣliʒe 965. unsǣliʒe 561. scyldiʒe 1218.
1601. swâtiʒe 1408. elpêodiʒe 63. 199. 280. -um 1075.
ellpêodiʒes 678. ellpêodiʒum 163. wêriʒe 580. 593. 615.
wêriʒum 86. 615. wêreʒum 59. windiʒe 845. wisiʒe 488.
witiʒan 802.
Gû. êadʒa 562. 1136. 1197. -es 708. -um 909. 978. drêorʒan
1058. hâliʒe 1284. hâlʒe 589. hâlʒa 79. 128. -cs 979.
-an 697. 1120. -um 603. ʒromhydʒe 346. ʒemyndʒe 416.
sârʒe 859. sârʒum 1304. wonsǣlʒan 919. ʒodscyldʒe 834.
wêrʒe 183.
Phön. êadʒe 473. êadʒa 361. -um 500. -an 526. tirêadʒa
106. heorodréorʒes 217. hâlʒe 74. 447. 476. 539. -a 81.
-an 339. -um 205. 421. 444. 515. hrêmiʒe 592. môdʒa 262.
ʒesǣliʒa 350. witʒan 30.
hl. Krz. hâliʒe 11. hâlʒum 143.
Hö. môdʒe 7. sâriʒu 11. wêriʒu 4.

Es ergiebt sich:
An. hat 60 mal Erhaltung des M.-Vok., 33 mal sync. Formen
(32 von hâliʒ). Gû. 1 Mv., 21 Sync.; Phön. 2 Mv., 19 Sync.;
Hö. 2 Mv., 1 Sync.; hl. Krz. 1 Mv., 1 Sync.
Nach Leiding ist das Verhältniss Sync. : Mv. = 3 : 1 (Cri.) =
21 : 1 (Jul.) = 1 : 3 (El.). Zu beachten in An. die Formen
auf -eʒ; ein Wechsel, der sich auch in El. findet.

Die Adject. auf -en.
An. bewahrt gegen die Regel den Mv. in hǣdene 126. 1604.
1072. 1126. hǣdenan 111. hǣdenum 1146. 1493; dagegen
Sync. in hǣdnes 1240. fȳrnum 1380, während hier Gû.
fȳrene 1014 hat. An. hat morʒene 221, Gû. morʒne 1192. 1217.
Der Mv. ferner bewahrt in æʒerum Phön. 233. Gû. hat
ȳtemestan 1140 und ȳtmestan 414 (vgl. ȳtemestum Cri. 880).
mynsterum Gû. 387. êdele Gû. 248 (vgl. êdle § 20,1).

Syncope des Mittelvokals nach kurzer Silbe.

1. Die Adject. auf -iʒ.

An. cearezan 1110. maniʒe 583. 975. 1628. maneʒum 962. 1122. 1710.
Gû. monʒe 152. 430. 706. 856. monʒum 89. 145. 294. 445. 870. moniʒe 235. 472. wliteʒan 1090.
Phön. idʒe 407. monʒe 491. monʒum 4. 323. moneʒum 170. 521. wlitiʒe 543. 598.
hl. Krz. maneʒum 99.

Es ergiebt sich das Verhältniss Sync. : Mv. = 9 : 3 (Gû.) = 4 : 4 (Phön.) = 0 : 6 (An.) = 0 : 1 (hl. Krz.) Nach Leiding bei Cynewulf Sync. : Mv. = 2 : 1 (Jul.) = 1 : 1 (Cri.) = 0 : 7 (El.)

II. Der Gebrauch schwankt in:
æfest An. 401. æfeste Gû. 158. æfst Phön. 401. æfstum An. 610. Gû. 684. fæder hat stets den Mittelvokal bewahrt in An., Gû., Phön. und hl. Krz.; Hö. hat ein héahfædru 47. ætzædere An. 994. hl. Krz. 48. ætzædre Hö. 133. hwædere An. 504. (An. und hl. Krz. zeigen hier Fälle mit Erhalt des Mv.) In wæter hat An. den Mv. erhalten in den mehrsilb. Casus, während Phön. wætres 41. wætra 184. zeigt. An. hat wæterezsa 375. und wæterezesa 435. ferner ezesa 445. -an 457. 806. 1268. Gû. ezsa 43. 138. 391. -an 174. 310. 537. 664. 703. Phön. 461. ezesa hl. Krz. 86. Gû., Phön. stets mæʒne, während An. 1 heremæʒene 586. hat. An. zeigt 6 meniʒo, 1 meniʒeo, hl. Krz. 1 maniʒeo (151), Gû. 6 menʒu, Phön. menʒu (420), Hö. menʒo (25. 57). Phön. hat stets Syncope eintreten lassen in fedrum (12 mal), fidrum 316., fidru 297. 652., während An. federum 866. hat. An. hat wederes 839. ciwicera 914. gegen cwicra Gû. 1223. (Cri. 998). beteran An. 588. 1090. aber betran Gû. 46. 188. 349. 626. betere Gû. 751. An. hat yfela 1314., dagegen yfles 1384. yfle Gû. 594. ʒecorene Phön. 541. 593. ʒecornum Phön. 388. ʒadriʒean An. 782. ʒadoriʒean An. 1558.

An. und hl. Krz. bewahren demnach fast regelmässig den Mittelvokal, ebenso wie El., während Gû., Phön., Hö. syncopieren, wie Cri. und Jul. (nach Leiding).

Zweites Kapitel.
Konsonantismus.
I. Die Halbvokale *w* und *j*.

Die Gruppe *wio-* wird zu *wu-:*
wudu Phön. 37. 85. hl. Krz. 27. 91. *wuda* Phön. 65. *wudubâte* An. 907. *-bêama* Phön. 75. *-bearwes* Phön. 152. *-bearwe* Phön. 169. *-bléda* Phön. 194. *-holt* Phön. 34. *-holtum* Phön. 362. *brimwudu* Gû. 1305. Dagegen für *cwuc* erscheint *cwic* An. 1084. *cwice* An. 129. *cwicera* An. 914. *cwicra* Gû. 1223.

Die Gruppe *weo-* schwankt mit *wo-* in *weorold, worold.* (vgl. § 10, 2). An. hat nur *wo-* (9 mal); Gû. 13 *wo-*, 9 *weo;* Phön. 13 *wo-*, 1 *weo-;* hl. Krz. 1 *weo-*. Ferner Schwanken in *weorc;* An. 705. hat *wunderworca.* (spätws.); *weorn* 677. 1492. *worn* 813. 906.

w schwindet im praet. *côm*, das nach *cuman* gebildet ist. An. hat 19 *côm*, 3 *cwôm* (§ 19, 2b, Anm.); hl. Krz. 1 *côm*, 2 *cwôm;* Gû. 1 *côm*, 15 *cwôm;* Hö. 1 *cwôm*.

w im Inlaut schwindet vor *u*-Kontraktion.
clâm Phön. 277. *prêam* Gû. 402. 1171.

w im Inlaut geschwunden nach Konsonanz.
ʒyrede Gû. 148. ʒyredon hl. Krz. 77. onʒyrede hl. Krz. 39. ʒeʒyred hl. Krz. 16; jedoch *w* erhalten in ʒyrwan An. 1700. ʒerwan An. 1633. ʒierwan Hö. 2. ʒeʒyrwad hl. Krz. 23. *w* geschwunden in *syredon* An. 610.

w geschwunden im Anlt. 2ten Gliedes von Compos.
hlâford An. 412 etc., Gû. 1331. hl. Krz. 45. In *ærende* (Kögel, Litbltt. 87; Cosijn p. 196.) An. 233 etc. Dagegen *w* erhalten in *fulwiht* An. 1637. 1615. *-es* An. 1642. *-e* An. 1632. Hö. 136.

Kontraktionen: *ázdrr* An. 1052. *nôder* Gû. 392. nach *ne*: *nôht* Gû. 1144. *nyton* An. 746. *nyston* An. 1090. (nicht Kontr. *ne wât* Phön. 357., *ne wiste* An. 261). *næs* An. 380 etc. *(ne wæs* An. 231. *nc wære* An. 900). *nelle* Gû. 1233. *nolde* Gû. 1208. *(ne woldon* An. 402., ebenso vermeidet El. die Kontraktion).

w schwindet auslaut. nach langem Vokal. Es ist in uns. Dichtungen erhalten in *snâw* An. 1257. Phön. 14. 248. *stôw* Gû. 117. *hrǽw* hl. Krz. 53. 72. (vgl. *hrǽ* An. 792. Gû. 254. Phön. 228).

w und ʒ in grammat. Wechsel im Vb. *séon;* es findet sich in nicht strengws. Texten oft ʒ; (Siev. § 391, 2 Anm.) Das *ir* des Partic. bisweilen in das Praeter. eingedrungen; (Btrge. V, 149; Leiding § 30). *sâwon* An. 1681. ʒesâwe Gû. 439. hl. Krz. 4. *onsâwen* Phön. 253. An. hat 4, Gû. 2 *sêʒon*.

§ 31.

ʒ.

Inlaut wird statt des einfachen ʒ oft -*iʒ* geschrieben.

1) Im Subst. *here*.

heriʒes An. 1108. 1158. 1204. 1240. *heriʒe* An. 1129. 1200. *heriʒeas* An. 652. 1069. *heriʒea* An. 1503.

2) Im sw. Verbum.

An. *âcsiʒean* 1134. *blissiʒean* 1609. *feriʒan* 293. *ferian* 347. ʒeferian 397. ʒadriʒean 782. ʒadoriʒean 1558. *heriʒad* 722. *lifʒende* 378. 459. *lifiʒende* 1411. *meldiʒan* 1172. *nerʒend* 549. 923. *neriʒend* 1288. *nereʒend* 291. *reordiʒan* 469. *sîdiʒean* 831. *tæliʒe* 1486. *pufiʒan* 402. *polian* 1416. *polie* 957. *poliʒe* 1219. ʒepoliʒenne 1661. *prowiʒan* 1369. *weardiʒean* 599. *wcardiʒad* 176. *wuniʒean* 804. ʒewunian 1663. *wuniad* 101. ʒewliteʒad 543. -od 669.

Gû. *bletsiʒe* 580. *bodian* 1088. *compian* 316. *endien* 21. *eardien* 26. *earniad* 767. *folʒian* 1017. *hálsiʒe* 1176. *hefeʒiad* 1002. *hefeʒedon* 929. *hyrcniʒan* 919. *lifʒan* 244. 803.

lifʒad 431. *lifʒendra* 790. *-a* 1072. *-um* 1207. *ʒelufian* 358. *lufiad* 50. *âsânian* 1148. *stadelian* 1082. *âsundrien* 1150. *ʒenerʒan* 212. *nerʒend* 612. *nerʒende* 630. *wanian* 1046. *wilniad* 40. *bewitiʒan* 170. *wunian* 812. 1006. *ʒepafian* 572. **Phön.** *ʒebyriʒe* 261. *endiʒe* 83. *folʒiad* 591. *ʒefylʒan* 347. *ʒearwian* 189. *herʒad* 541. *ʒehefʒad* 153. *lifʒad* 596. *nerʒend* 498. *bewitiʒan* 92. *wunian* 362. *wuniad* 609. *ʒewunian* 481. **hl. Krz.** *onbyriʒan* 114. *ʒefetiʒe* 138. *hefian* 61. *lifiad* 134. *wunian* 121. *wuniad* 135. **Hö.** *hâlsie* 106. *hâlsiʒe* 118. *ʒemiltsie* 109. *rêafian* 36. *herʒad* 123.

Auslaut *ʒ* nur nach langem Vokal.
iʒlond An. 15. Phön. 9. *hiʒ* An. 38. *liʒ* Gû. 164. Phön. 39. 218. 268. 505. *-bryne* Phön. 577. *-prœce* Phön. 225. 370.

ʒ im Fremdworte.
Essaʒes An. 881. *Gerusalem* Gû. 785.

II. Die Liquiden.
§ 32.
r.

Brechung von *a*, *e* vor *r*; wohl cerebrale Artikulation mit starkem Zurückbiegen der Zunge. *r* = 1) allg. **r**, 2) got. *z*. (*reord, herian* etc.)

Metathesis von **r**.
ʒœrs An. 38. *hœrn* An. 531. *-flota* Gû. 1307. *eordœrn* Hö. 12. *-e* Hö. 3. *moldœrn* An. 803. *-e* Phön. 564. *œrne* Gû. 1004. *moldern* hl. Krz. 65. *born* Gû. 910. 937. 953. *onarn* An. 1001. *urnen* Phön. 364. *byrnan* Gû. 163. Hö. 72. *byrned* Phön. 2. 14. 218. 502. 531. *berstan* hl. Krz. 36.

r und *s* stehen in grammat. Wechsel.
An. *curon* 404. *curen* 1611. *ʒecoren* 324. *hruron* 1602. *druron* 997. *forlore* 1425. *wære* 766. *wæron* 1697 etc.
Gû. *ʒecorene* 30. 769. *ʒecorenne* 977. *bidrorene* 873. *biloren* 1143. 1301.
Phön. *ʒecorene* 541. 593.

Gemination im Auslaut.

feorr An. 423. *feor* An. 542. Gû. 1139. 1173. 1176. Phön. 192. 415. *lr = ll* in *sýlla* An. 1511. *sélle* Phön. 417. (*sélre* An. 320. 1565). *séllan* Gû. 249. 463. 1242.

r ist **nicht** silbenbildend in *wuldor* Gû. 57.

§ 33.
l.

l ist silbenbildend.

(silbenbild. liquida oder nasalis zählt i. a. in der ags. Metrik mit; Siev., Btrge. X, 225 Anm.)

seʒl An. 50. *sæʒl* An. 89. 1458. *swcʒl* An. 750. Gû. 1098. 1292. 1304. Phön. 212. *céafl* An. 1705. *ádl* Gû. 912. 951. 1037. (*ádel* 1064). *sáwl* Gû. 379. 505. hl. Krz. 120. *ʒyfl* Phön. 410. *hæʒl* Phön. 60.

Ausnahme (Btrge. X, 481): *súsl* Gû. 639.

Metathesis des *l*.

Für ws. *tl* erscheint auslaut. north. *dl* in:
bold An. 656. Gû. 111. *boldes* Gû. 55. *ferʒbold* hl. Krz. 73. *seld* Gû. 557. *ánseld* Gû. 1214. *héahseld* Phön. 619. (Dagegen *héahsetle* Phön. 515).

Gemination im Silbenauslaut.

An. *ellpéodiʒra* 16. 26. 1177. *ellpéodiʒum* 163. *ellpéodiʒe* 63. 199. 280. *ellpéodiʒne* 1453. 1561. *eall* 1009. 1184 etc. (10 mal). *eal* 19. *eallra* 326. 703. 1719. *ealra* 68. *culne* 1248. *eallwealdan* 205. *eulwcalda* 752. *-an* 1622. *eallpéodiʒes* 678. *ealwihta* 1605. *billhete* 78. *ful* 496. *fulwihte* 1632. *fullwihtes* 1642. *fel* 23. *fell* 1611. *hellfúse* 50. *-trafum* 1693. *scell* 1485. *snel* 505. *ʒodspell* 12. *weallʒeatum* 1205. *willʒeofa* 1284. *wilʒeofan* 62. *-þeʒe* 253. *wel* 212. *wéoll* 1213. 1277. 1548. *áwéoll* 1525.

Gû. *eall* 67. 250. 344. 385. 503. 725. 1103. *eal* 13. 165. 296. 1270. 1283. 1294. *heldore* 531. *-warum* 544. *snell* 1304. *spel* 1316. *ʒodspel* 1088. *wel* 512. 553. *well* 1144. *wildéorum* 712. *in-ʒeféol* 981. *wéol* 952. 1314.

Phön. *eall* 7. *eal* 241. 279. 285. 505. 511. *ealne* 68. *ealra* 177. 628. *snell* 125. *snel* 163. 317. 347. *deal* 266. *ful* 267. **hl. Krz.** *eall* 6. 12. 20. 48. 58. 62. 82. 97. *eal* 55. *ealra* 125. *well* 129. 143. *fyll* 56.
Hö. *eal* 115. *ealne* 37. *-ra* 36. 117. *ful* 30. *fullwihte* 136. *hellwara* 123. *helwaran* 21.

§ 34.

m.

m ist silbenbildend.

fadm An. 252. 336. 444. 1618. Phön. 29. 556. *breahtm* Gû. 233. Ausnahme: *bôsm* Hö. 110. (Siev. Blrge. X, 481).
fn = *mn* in *emne* An. 114. 221. 333. (*efne* An. 294. 1106. 1236). *nemne* An. 664. Gû. 339. Phön. 260.

§ 35.

n.

n ist silbenbildend.

þeʒn An. 557. 1393. 1680. *stefn* An. 92. Gû. 1296. Phön. 135. Ausnahme: *wolcen* Phön. 61. (Blrge. X, 481).
n fällt nach *m* vor Konson. im Vb. *nemnan*: *nemdon* An. 1195.

Gemination im Silbenauslaut.

An. *cynn* 560. 1520. 1612. *cann* 1159. *onʒann* 352. 1128. 1268. 1557. 1609. *onʒan* 427. *onʒinn* 742. *mann* 493. 1496. *manncynnes* 357. 1295. 1467. *mancynn* 1504. *menn* 246. 594. 677. *ealdormenn* 608. *sann* 1279. *ʒespann* 302. *onspêonn* 470. *wann* 1171. *brûnwann* 1308. *ʒewinn* 197. *ʒûdʒewinn* 217. *warudʒewinn* 439.
Gû. *cynn* 383. *cyn* 889. *conn* 693. *ʒynnwised* 839. *onʒinn* 248. *onʒin* 326. *onʒan* 971. 1129 etc. (6 mal). *onʒon* 698. 1118 etc. (5 mal). *ofonn* 56. *mon* 962. *-cynnes* 410. 711. *-dryhten* 980. *-dryhtne* 1024. 1124. *onsŷnn* 690. *synwræce* 832. *ʒewin* 86. 1054. *ʒewinworuld* 829. *won* 370. 1254. *oferwon* 123. 151. *ʒewon* 421. *wynn* 1081. *wyn* 323. 652. 1179. 1338. *-condel* 1186. *-daʒum* 604. *-mæʒ* 1319. *-tic* 796.

Phön. *cynn* 159. 335. *cyn* 330. *onʒyn* 638. *hlyn* 135. *men* 158. 173. 496. *moncynnes* 176. *synn* 54. *wynn* 70. *wyn* 12. 290. 348. 411. *-lond* 82. *-sum* 203. *-sume* 245. *ʒewin* 55. hl. Krz. *cynn* 94. *onʒan* 19. *mancyn* 41. 104. *menn* 82. 93. *men* 128. *wann* 55. *ǽrʒewinn* 19. Hö. *moncynnes* 33. *wifmenn* 16. *wyn* 1874.

nd assimil. zu *nn*: *bennum* An. 1040. (*bendum* Gû. 545. Hö. 61. 68. 88). *hn* zu *nn* in *hêannesse* Phön. 631.

Apokope des auslaut. *n*, spec. norlh., vgl. § 52.

Labiale.

§ 36.

p.

p anlaut. selten.

ʒûdpleʒan An. 1371. *nîdpleʒan* An. 414. *secʒpleʒan* An. 1355. *sundpleʒan* Gû. 1308. Phön. 111. *pleʒode* An. 370. *mearcpadu* An. 789. *-pade* An. 1063. *pêan* Phön. 312.

Gemination im Silbenauslaut.

upp An. 443. 1127. 1238. 1305. 1320. 1627. Gû. 68. *up* Gû. 455. 998. 1128. 1285. Phön. 289. 511. *-weʒ* Gû. 1280. 1340. *æpplede* Phön. 506.

§ 37.

b.

Als labiale Media nur im Wortanlaut, sonst nur in der Gemination oder nach *m*.

Nach *m* in: *cumbol* An. 4. *cumblum* An. 1207. *dumban* An. 67. *dumbum* An. 577. *symbel* Phön. 406. *-dæʒe* An. 1529. *-daʒa* Gû. 136. *-ʒifa* An. 1419. *symble* An. 157. 659 etc. (*symle* hl. Krz. 141). *ʒetimbran* An. 1635. *ʒetimbre* An. 1673. Gû. 221. *-ed* Phön. 430. *-ad* Phön. 202. *-ed* An. 667. *ʒetimbru* Gû. 456. *womb* Phön. 307. *ymb* An. 874. 1235 etc., Gû. 85. 709. Phön. 572. Hö. 25. *ymbe* An. 843. 873. Phön. 166.

Gemination im Auslaut.
sybb An. 1579. *sib* Gû. 1055. Phön. 622. *nebb* Phön. 299.

§ 38.
f.

fn = mn (*emne* § 34); *rt = ft* (*ʒesceaft*).
Das Verbum *lifʒan, libban.*
Die Nebenformen mit *fʒ* sind bes. dem nichtws. Dialekte eigentümlich; (Siev. § 416, 2).
lifʒan Gû. 244. Phön. 672. *lyfað* An. 541. *leofað* An. 1290 *lifʒað* Gû. 431. Phön. 596. *lifiað* hl. Krz. 134. *lifiʒende* An. 1411. *lifʒende* An. 378. 459. Hö. 102. *-a* Gû. 1072. *-um.* Gû. 1207. *-ra* Gû. 790.

Für lat. *v* in Lehnwörtern steht in älterer Zeit die stimmhafte Spirans *f;* in später aufgenommenen Fremdwörtern drückt *u* diesen Laut aus.
Dauid An. 880.

Dentale.
§ 39.
t.

tl = ld (§ 33) north.
Gemination im Silbenauslaut.
wættre An. 953. *attre* An. 1333. Gû. 640. 884. *atres* An. 53. *hluttre* An. 1065. Gû. 77. *dæʒhluttre* Gû. 665. (Cri. hat stets *t*). *ofett* Phön. 77. Vereinfachung in *ʒewit* An. 35. 645. Gû. 347. (*ʒewitt* El. 357. 459. 938. 1191).

§ 40.
d.

d wird vor stimmlosem *s* zum stimmlosen *t*:
milts An. 910. *miltse* An. 289. Gû. 302. *-a* An. 353. 449. *-um* An. 544. Gû. 611. 932. (*mildse* An. 140. 1676. *ʒebletsod An. 525. (*ʒebledsod* An. 524. 540. 939. 1721). *bletsunge* An.

223. Gû. 644. *bletsiʒe* Gû. 580. *bletsiad* Phön. 620. *bletsade* Gû. 149. *-adon* Gû. 705.

d wechselt mit *t*.
inwitþanc An. 670. *inwidþancum* An. 559. *inwidhlemmas* hl. Krz. 47.

d und *đ* in grammat. Wechsel.
cwǽdon An. 1603. 1641. Gû. 163. 177. 549. *scridun* Gû. 942. *-on* Gû. 1070. (part. praet. *scriden* Gû. 1012). *belidenne* Gû. 1312. *belidenan* An. 1091. *soden* An. 1241. Gû. 1123. *ʒescôde* An. 1421.

Gemination im Silbenauslaut.
hildbedd An. 1094. *ʒeómorʒidd* An. 1550. *middre* Phön. 262. (dagegen *midre* hl. Krz. 2. *tudres* Gû. 796. *siʒetudre* Gû. 838).

§ 41.
đ, þ.

(*þ* im Wortanlaut; im Innern und am Ende des Wortes *đ*).

đ schwindet mit Dehnung des vorhergehenden Vokals in den Verbis *mǽlan* und *stǽlan*.
mǽlde An. 300. 768. (*mǽdlan* Gû. 1175. *medlan* An. 1442). *stǽlan* Gû. 1044. *-dun* Gû. 439. (*stadelian* Gû. 1083).

đ schwindet mit Kontraktion.
becwist An. 193. 304. 418.

đ enklit. gebraucht *þu*: *sceultu* An. 220.

đ und *d* wechseln in *éadmédu* Gû. 74. 451. 852. *éadmédu* Gû. 748.

td = *tt* in *láttêowes* Gû. 335.

ws. *tl* = north. *đl*: *beorʒsedel* Gû. 73; dem ws. durchaus fremd.

§ 42.
s.

Bereits ags. wahrscheinlich stimmloser und stimmhafter *s*-Laut zu unterscheiden.

Metathesis von *sc* (bes. spätws.) in:
ácsiʒan An. 1136. (*ʒeāscodon* An. 44). *fixum* An. 589. (*fisces*
An. 293. *hornfisc* An. 370).

Gramat. Wechsel zwischen *s* und *r* (vgl. § 32).

ss im Auslaute immer vereinfacht.
blis An. 1016. Gû. 927. 1055. hl. Krz. 139. 141. *ʒlæs* Phön. 300·

x = cs = hs.
sihste Gû. 1123. *siex* Gû. 22. *rîxade* Gû. 386. *ricsade* Gû·
843. (*hs* ältere Form).

Gutturale und Palatale.

c, *ʒ*, *h* haben doppelten Lautwert, eine velare und eine palat. Artikulation.

§ 43.
c.

Einwirken des palat. *c* auf folgenden Vokal vgl. §§ 5, 4.
9, 4. 10, 2.

c im Auslaut: *ac* An. 38. 634 etc. (5 mal). *ah* An. 23.
281 etc. (8 mal). *ach* An. 1594.

§ 44.
ʒ.

(Einfluss des palat. *ʒ* auf Vokale, vgl. §§ 5,3. 9,3. 10,3.
13,3. 23,5. 24,4).

ʒ palat. Reibelaut vor palat. Vokalen, velarer Reibelaut
vor gutur. Vokalen.

ʒ vor *ea, eo* geschwunden in:
éoʒode An. 1124. *eador* An. 1629.

ʒ fällt mit Ersatzdehnung; (vgl. §§ 16. 17,3. 18,1 b. 19).
oferbræd An. 1308. (*oferbræʒd* An. 1543). *frîne* An. 633.
frînest An. 629. (*friʒnest* Gû. 1201). *frîneð* hl. Krz. 112.
sǽde An. 1024. *ânhŷdiʒ* An. 961, Gû. 869. *unhŷdiʒe* An.
1080. *ʒramhŷdiʒes* An. 1696. *widerhŷdiʒ* An. 675. *rên*
Phön. 14. *rênes* Phön. 246. *ôdbrôden* Gû. 829. *âlêdon* hl.

Krz. 52. *onȝeán* Gú. 210. 273. Phön. 91. *tôȝénes* An. 45. 657. 1013. *tôȝeánes* Phön. 11. 124. 421. 576. Dagegen ȝ erhalten in *ȝeȝnewide* An. 860. *-sleȝe* An. 1358. *ȝeȝninȝa* An. 1351. 1356. *ȝeȝnunȝa* Gú. 785.

h und ȝ in grammat. Wechsel.

fluȝon An. 1548. Gú 709. *tuȝon* Phön. 440. *tuȝe* Gú. 325. *oftuȝon* Gú. 438. *bewriȝen* Phön. 53. *bewriȝene* Phön. 17. ȝȝ und ȝ nach ĭ in *wîȝȝendra* An. 1097. gegen 6 mal *wiȝendra*.

h und ȝ im Auslaute, *h* steht für ȝ [1]) in jüngeren Texten.

1. Nach langem Vokal.

An. *ádrêah* 971. *-drêaȝ* 1484. *ástâȝ* 708. *ȝestáh* 901. *oferstáȝ* 1576. *ȝenóȝ* 1536. *áh* 518.
Gú. *drêaȝ* 485. *ádrêaȝ* 503. *flêaȝ* 889. *ástâȝ* 234. 363. 633. 1077. *oferstâȝ* 206.
hl. Krz. *ástâȝ* 103. *ȝestâȝ* 40. *áh* 107. *náh* 131.

2. Nach *r* und *l*.

An. *burȝ*[2]) 111. *-ȝeatum* 842. *-locan* 942. 1040. 1067. *-waru* 1096. *-ware* 1585. *-warum* 184. 209. 718. *wederburȝ* 1699. *winburȝ* 1699. *ȝoldburȝ* 1657. *burh* 984. 1122. 1343. *-sittendum* 1203. *-wealle* 835. *-weardes* 660. *beorȝ* 1589. *feorh* 154. 216. *-ȝedál* 181. 1429. *-rǽd* 1656. *earh* 1333. *-fare* 1050. *sǽmearh* 267.
Gú. *burȝ* 784. *-salu* 1258. *-salo* 1303. *-stede* 1291. *beorȝ* 119. *biorȝ* 146. *feorȝ* 214. 1031. *feorh* 61. 1009. *-ȝedál* 1151. 1173. *ferh* 575. 789. *wideferh* 643.
Phön. *beorhstede* 284. *feorh* 192. 223. *-hord* 221.
hl. Krz. *feorȝbold* 73.

§ 45.

h.

Anlaut. *h* ein blosser Hauch; vgl. *Erodes* An. 1326.; *h* intervokal. in *Gabrihel* Hö. 76.

---

1) An hat 4 ȝ, 3 *h*; hl. Krz. 2 ȝ, 2 *h*; Gú., Phön., Hö. stets ȝ. Nach Leiding bei Cynewulf Cri. 8 ȝ, 5 *h*; Jul. 3 ȝ, 1 *h*; El. 3 ȝ, 5 *h*.
2) El. hat fast ausnahmslos *h*, während Cri. und Jul. ȝ zeigen.

h schwindet nach Konsonanz mit Dehnung der vorausgehenden Vokale. (Btrge. X, 487 ff.)
fîra An. 291. 409. 590. 922. 1288. Gú. 836. 961. Phön. 396. 492. 535. *swêoran* Phön. 305. *ónetted* Phön. 217. 455. *ónette* Hö. 41. *óretmeczas* An. 664. *óretta* Gú. 315. *órettan* Gú. 541. *féore* Gú. 110. 520. *féores* Hö. 20. *mêara* Gú. 257. Dagegen ist Kürze belegt in *feore* An. 106. 284. 811. 1454. 1540. Gú. 812. *feores* An. 1109. 1132. Gú. 599. in Folge von Anlehnung an das einsilb. *feorh*; vgl. Siev. Btrge. X, 489. Altes *h* im ws. geschwunden zwischen Vokal und stimmhafter Konsonanz.
léoma Gú. 631. 1284. Phön. 103. 116. *heofonléoma* An. 840. *láne* Gú. 91. Phön. 481. 489. 505. *-es* Gú. 122. *-ne* Phön. 220. *-an* Phön. 456. Gú. 342. 940. 1093. *nêosan* An. 484. 832. 1027. 1391. ʒ*enéosad* Phön. 352. *fléam* An. 1342. *-e* An. 1388. *betwêonum* An. 1101. Gú. 1333.
h gefallen in *ferhđ* (Siev. § 222, 1), erst spät. *ferd* An. 917. 1334. 1551. 1580. Gú. 955. 994. Phön. 415. *ferde* An. 1487. *ferddes* Gú. 885. *ferdde* Phön. 504. *ferdlocan* An. 1673. *-wériʒ* Gú. 1130. *sariʒferđ* Gú. 1326. 1352. *fréoriʒferd* Gú. 1316. *ferhđ* An. 1586. *collenferhđ* An. 538. 1110. *stidferhđe* An. 722.
h gefallen in:
héa An. 274. Phön. 32. 121. 447. *héafædra* Hö. 47. (*héahfæderas* An. 877. *-a* An. 792). *héannesse* Phön. 631. (vgl. § 35). *hêt* An. 7 mal (vgl. § 17,2a). *hréo* An. 749. (*hréoh* An. 466).
Geminiertes *h* selten.
ʒ*etihhad* An. 1322. ʒ*eneahhe* Gú. 669. 691. *bihlehhan* Gú. 1331. *hlyhhende* Hö. 24.

§ 46.
Gemination im Auslaut.

Wir finden in An. 86 gemin. Formen und 24 Vereinfachungen, m hl. Krz. ist das Verhältniss 15:6; in Gú. 21:67; Phön. 10:30; Hö. 3:7. An. hat z. B. 46 *ll*, 15 *l*; hl. Krz. 10 *ll*, 2 *l*; Gú. 9 *ll*, 16 *l*; Phön. 2 *ll*, 13 *l*; Hö. 2 *ll*, 5 *l*. In El. finden wir 26 *ll*, 18 *l*; in Cri. 33 *ll*, 42 *l*; in Jul. 7 *ll*, 11 *l*.

Drittes Kapitel.
Einiges aus der Flexionslehre.
§ 47.

I. Die 2. u. 3. Pers. Sgl. Praes. Ind. der langsilbigen st. Verba (vgl. Sievers, Btrge. IX. 273ff.; X, 196. 465).

[»Im angl. sind die umgelaut. Formen mit Syncope des Endungsvokals durchgehends durch Neubildungen ohne Umlaut und mit *-es(t), -ed* ersetzt.« (Sievers, Btrge. IX, 273).
»Alle Gedichte, welche sich ausschliesslich der längern Formen bedienen, sind angl. Ursprungs« (p. 465)].

Kl. I.:

An. *zlided* 498. *scined* 1722.
Gû. *bided* 38. *zewitest* 247.
Phön. *bided* 47. *zebided* 152. *bliced* 186. 599. *forzriped* 507. *scined* 183. 210. 515. 589. *stized* 520. *zewited* 99. 122. 162. 320. 322. 438.

Kl. II.:

An. *bebúzed* 333. *hléotest* 482.
Gû. *dréozed* 1329. *ádréozed* 63. *hréowed* 783.
Phön. *béoded* 497. *zecéosed* 382. *dréozed* 210. *dréosed* 261. *fléozed* 322. *ód-fléozed* 347. *ód-scúfed* 168.

Kl. III.:

An. *binded* 519. *findest* 1351. *frinest* 629. *hweorfest* 117. *zehweorfest* 976. *weorded* 1385. *wyrdest* 483. *wyrded* 219. 974.
Gû. *finded* 30. *friznest* 1200. *zielded* 95.
Phön. *forbirsted* 568. *beorzed* 110. *behyrzed* 286. *byrned* 2. 14. 218. 502. 531. *onzinned* 188. *sinzed* 121. 140. *swelzed* 507. *bitelded* 273. *weorded* 211 etc.

Die redupl. Verba.
Kl. VI: *stondeð* Gû. 89. 181.
An. *háteð* 1507. *oncnáwest* 631. *blóweð* 646.
Gû. *zehátest* 242. *weareð* 220.
Phön. *fealleð* 61. *bihealdeð* 87. *weaxcð* 232. 234.

II. Die 2. u. 3. Ps. Sgl. Praes. Ind. der kurzsilb. st. Vb.
Kl. IV:
An. *cymeð* 512. *hwileð* 495 (zu *hwëlan*; vgl. *bereð* hl. Krz. 118.; die Verba mit *e* in der Wurzelsilbe zeigen auch im spätws. öfter unumgelauteten Vokal. Siev. § 371, Anm.).
Gû. *cymeð* 1324. **Phön.** *cymeð* 223. 366. 484. 508. *nimeð* 485. *biereð* 199. hl. Krz. *bereð* 118.

Kl. V:
An. *becwist* 193. 304. 418. *becwið* 210. ȝifeð 1153.
Gû. *swefeð* 192. *siteð* 449.
Phön. ȝifeð 319. *forȝifeð* 613. *ofȝiefeð* 426. *liȝeð* 182. *siteð* 208. *þiȝeð* 219. 259. 505.
hl. Krz. *cwyd* 111.

Kl. VI:
An. *færeð* 497.
Gû. *fareð* 123. *hefeð* 112. *sceðeð* 39. 88. *áscæceð* 144.

Die älteste Form der 2. Ps. Sgl. Praes. Ind. endet auf -*is*, -*es*; die jüngere auf -*est*. Wir finden in unsern Dichtungen: *hæfdes* An. 530. *feredes* An. 1365. *forhoȝedes* An. 1383. (*hoȝodest* An. 1318). *meahtes* Gû. 440. ȝesóhtes Hö. 111.

§ 48.
Das Part. praet. der sw. Vb. Kl. I auf Dental.

Im strengws. haben wir die kontrah. Form *send*, im angl. die Form *sended*.
An. *áblendeð* 78. *onbryrdeð* 1120. *fæted* 301. *áféded* 684. *áfyrhted* 1531. ȝehæfted 1129. 1160. ȝehyrsted 45. *læded*

1309. *oflysted* 1114. 1228. *áseted* 208. *beseted* 945. 1257. ʒ*eseted* 156.
Gû. ʒ*ebylded* 446. *áfyrhted* 1300. ʒ*ehlæsted* 1307. ʒ*elǽded* 753. 1279. *inlýhted* 627. ʒ*emîted* 502. ʒ*eseted* 746. *onsended* 909.
Phön. *onbryrded* 126. 550. *áhýded* 96. *bihýded* 418. *onhæted* 212. *onctted* 217. *lǽded* 491. ʒ*emêted* 231. *beseted* 297. *biseted* 304. ʒ*escylded* 180. *onwended* 82.
hl. Krz. ʒ*eseted* 140. *onsended* 49.
Hö. *onbryrded* 136.

§ 49.

Plur. Praet. Ind. st. Vb.

-*un*: An. 0, Gû. 33, Phön. 4, hl. Krz. 0, Hö. 0.
-*on*: An. 155, Gû. 56, Phön. 8, hl. Krz. 27, Hö. 12.
-*an*: An. 22, Gû. 5, Phön. 2, hl. Krz. 5, Hö. 6.

Nach Leiding ist das Verhältniss bei Cynewulf $u : o : a = 37 : 94 : 3$ (Cri.) $= 4 : 24 : 8$ (Jul.) $= 3 : 171 : 13$ (El.).

§ 50.

Das sw. Praet. und sw. Part. praet. Kl. II.

-*ade*, -*ad* sind Ps. und north. am häufigsten;
-*ode*, -*od* bes. ws.

1. -*ade*: An. 19, Gû. 35, Phön. 4, Hö. 2.
-*ode*: An. 44, Gû. 12, Phön. 1, hl. Krz. 11, Hö. 2.
-*edun*, -*edon*: An. 9, Gû. 8, hl. Krz. 1.
-*ude*: *andswarude* An. 202. *wyrdude* An. 538.
2. -*ad*: An. 7, Gû. 10, hl. Krz. 1 (ʒ*eniwad* 148), Hö. 1.
-*od*: An. 17, Gû. 0, hl. Krz. 2, Hö. 0.
-*ed*: hl. Krz. 1 mal (*forwunded* 14. *forwundod* 62).

In El. finden wir 22 -*ode*, 8 -*edon*, 1 -*edan*, 1 -*eden*, 21 -*od*.
-*ade* findet sich 5 mal (*swinsade* 240., ʒ*eþrowade* 519. 563. (ʒ*eþrowode* 859). *wundrade* 9.9. *lôcade* 87).
-*ad* 4 mal (ʒ*efulwad* 1044. ʒ*eopenad* 1231. ʒ*eweordad* 177. (dagegen ʒ*eweordod* 823. 1193.) ʒ*eáclad* 57. -*od* 1129.

-*odon* im plur. findet sich 2mal (*cleopodon* 1319. *weordodon* 891). 1 -*odan*, *samnodan* 19.
Die Endung -*ude* findet sich in der Reimstrophe 1239, *þreodude, reodode*.

§ 51.
Die Bildung des Superlativs.

I. Die Superlative von *hêah* und *nêah* sind bes. wichtig zur Dialektbestimmung; vgl. Sievers, Btrge. X, 178ff., IX, 261. Im Süden Syncope mit Erhalt des *h*, im angl. *hêsta, nêsta*, north. auch *heista, neista*, die auf ein dreisilb. *hêista, nêista* zurückgehen.
Das Metrum verlangt nun die unkontrah. Formen in *hŷst* Gû. 34. und wahrscheinlich nach Siev. auch in *nŷhstan* Gû. 416.

II. Der Superlativ in seiner kürzesten Form zeigt in An. und hl. Krz. -*ost* (16 resp. 3mal neben 1 -*est*, hl. Krz. 118); Gû. 4 -*ost*, 8 -*ast*; Phön. 4 -*ost*, 9 -*ast*; Hö. 1 -*ust*, 2 -*ast*.
An. *beorhtost* 103. 242. *fægrost* 103. *frêcnost* 1233. *ʒelicost* 497. 501. 955. 1147. *dômlicost* 1269. *hyhtlicost* 104. *lêofost* 575. 937. 1354. *ʒemêdost* 594. *sêlost* 329. 411.
hl. Krz. *beorhtost* 6. *heardost* 87. *lâdost* 88. (dag. *sêlest* 118).
Gû. *beorhtast* 1283. *ʒeornast* 328. *lâdast* 560. *lêofast* 1146. 1231. 1350. *sêlast* 1322. *swêtast* 1247. *hâtost* 993. *hradost* 1082. *oftost* 1329. *lêofost* 1176.
Phön. *ædelast* 1. 93. *beorhtast* 80. 179. 306. *ʒelicast* 302. 424. 585. *ŷdast* 113. *ʒladost* 289. *hâtost* 209. *onlicost* 312. *mǽrost* 119.
Hö. *rêdust* 36. *sêlast* 117. 119.

III. Der unregelmäss. Superlativ lautet für *yfel* und *lŷtel* ws. *wierresta, lǽsta*; north. *wyrresta, lǽsest*, -*a*. An. hat *wyrrestan* 87. 1594. Gû. *lǽsast* 309. 741. Ebenso hat Gû. im Compar. von *yfel* die north. Form *wyrs* 637.

§ 52.
Das Pronomen personale.

An. hat im plur. 61 *hie*, 5 *hi* (134. 368. 870. 1052. 1125). *hira* 3. 11. 28. 140. 411. 562. 1030. 1102. 1640.

hl. Krz. 10 *hie* (32. 48. 60. 63. 66. 67. 76. 115. 116. 132), 2 *hi* (46. 64), *hira* 47.
Gû. 45 *hy*, 7 *hi*, (190. 191. 193. 201. 298. 786. 845) 10 *hyra* (113. 196. 259. 378. 388. 525. 703. 826. 941. 1150), *hira* 766. *hym* 204.
Phön. 12 *hi* (246. 247. 327. 389. 395. 402. 410. 411. 415. 476. 489. 658). 3 *hy* (166. 481. 609). 2 *hyra* (405. 543).
Hö. 5 *hy* (8. 10. 16. 90. 106), 1 *hi* (12), 1 *hyra* (43).

§ 53.
Apokope des auslaut. *n*.

Bes. charakterist. Merkmal des north., in unsern Dichtungen folgende Belege, die der Nachlässigkeit des ws. Copisten zuzuschreiben sind.

Gû. 208. 209: *hwonne hy mid menʒu máran cwôme þâ þe for his lŷfe lŷt sorʒedon.*

Gû. 404: *ʒif hy him ne meahte máran sârum ʒyldan ʒyrnwræce.*

Gû. 437: *ne beôđ eowre dǽda dyrne, þeah ʒe hy in dŷʒle ʒefremme.*

Gû. 677: *þæt ʒe him sâra ʒehwylc hondum ʒehælde.*

Gû. 732: *þara þe yldran usse ʒemunde.*

Hö. 83: *hwonne we word ʒodes þurh his sylfes mûđ secʒan hŷrde.*

Viertes Kapitel.
§ 54.
Die Mundart von Gû., Phön., Hö., An. und hl. Krz.

Bei der Beurteilung der ursprüngl. Sprache unserer Dichtungen ist folgende Zusammenstellung zu beachten.

Im ws. ist der Palatalumlaut nur von untergeordneter Bedeutung, vgl. Sievers § 101 ff.; north. und Ps. wird *ea* zu *æ* vor *h, ht, c*; zu *e* vor *rʒ*; *éa* zu *é* vor *h, ʒ, c*; *eo* zu *e* vor *h, rc, rʒ, rh*; *éo* zu *é* vor *h, ʒ*. Spätws. ein Palatalumlaut in umgekehrter Richtung nach den Palatalen *ʒ, c, sc,* der *ea, éa* in *e, é* verwandelt; ebenso spätws. *ea, éa* vor Palat. zu *e, é*.

I. *ea.*

Das zu dem Adj. *eald* gehörige Subst. zeigt im Umlaut:
y in *ylda* An. 182. 1557. *yldu* Phön. 52. 190. *yldo* Phön. 614; æ in *ældu* Gû. 80. *ælda* Gû. 727. 793. 796. 807. 898. 947. *ældum* Gû. 1115. *ælda* Phön. 198. 546. *ældum* Phön. 509; e in *eldum* An. 1059; y ferner in *yldinʒ* An. 215. *yldestan* An. 764.

Zu dem Adj. *earm* finden wir im Subst. als Umlaut: y in *yrmdu* An. 1386. -o An. 1193. -a An. 972. -um An. 163. *yrmda* Gû. 905; e in *ermdu* An. 1164. Gû. 418; y ferner in *yrminʒ* Gû. 243.

moldærne Phön. 564. *eordærn* Hö. 12. -e Hö. 3. *moldern* An. 803. hl. Krz. 65.

breahtm Gû. 1299. -e Gû. 1299. -a Gû. 882. *brehtme* An. 1204. 1273. -um An. 869.

beald An. 602. *baldor* An. 547. *bældest* An. 1188.

An. hat 3 *cirm*, 2 *cyrm*; Gû. 3 *cirm*.

ʒedrœʒ An. 43. 1557. (vgl. *ʒedreaʒ* Cri. 1000. *earmlic ælda ʒedreaʒ.* An. 1557: *earmlic ylda ʒedræʒ.* Leiding setzt Cri.

1000. die north. Form ʒedræʒ ein und erhält so den Cäsurreim *earmlic ælda ʒedræʒ: þonan æniʒ ne mæʒ*).
eaxlum hl. Krz. 32. *eaxleʒespanne* hl. Krz. 9. *exlum* An. 1577.
nîdʒysta Gû. 511. *cearʒestum* Gû. 364.
herʒas An. 1689. (*lucus, nemus*).
hearm An. 1073. 1369. -a An. 1200. (ebenso Gû., Phön.). *herme* An. 671.
leahtor Gû. 1045. *leahtras* Phön. 456. -a Gû. 804. 920. 1162. Phön. 518. -um An. 1297. *lehtrum* An. 1218.
Zu *meaht, miht* vgl. p. 30, Anm.
niht Gû. 99. 1008 etc. *sinnehte* Gû. 650. (*sinnihte* Cri. 1543. 1632).

Als Umlaut *ea* findet sich: y in *wylm* An. 367. 865. *flôdwylm* An. 516. *wylme* Gû. 162. 345. *brynewylm* Gû. 644. *sârwylmum* Gû. 1123. *sorʒwylmum* Gû. 1046. *wylm* Phön. 191. 283. *flôdwylmum* Phön. 64. æ in *wælm* An. 1544. -um An. 452. *headowælm* An. 1544. *sorʒwælmum* Gû. 1236. e in *strêamwelm* An. 495.

Im sw. Vb. mit Rückumlaut:
ʒedrehte An. 39. (vgl. ʒedreahte Cri. 994. 1299. 1509). *reahte* Gû. 131. ʒereahte Gû. 106. 131. ʒerehte Gû. 67. ʒeræhte Gû. 740. ʒeþeahte Gû. 1189. ʒeþeahtinʒum Gû. 618. *biþeahte* Gû. 1004. 1351. *þeahte* Phön. 42. *biþeahte* Phön. 490. 605. *beþeahte* Hö. 55. *biþeaht* Hö. 3. *þehte* An. 1017. 1048. *âweaht* Phön. 367. *âwehte* An. 548.

Sonst im sw. Vb.:
ws. ʒierwan, north. ʒearwia. Wir finden in unseren Gedichten: An. ʒyrwan 796. 1700. ʒerwan 1636. Gû. ʒearwad 71. 774. ʒeʒearwad 662. ʒyrede 148. Phön. ʒearwian 189. hl. Krz. ʒyredon 77. ʒeʒyred 16. ʒeʒyrwed 23. *onʒyrede* 39. *âwyrʒde* Gû. 226. 883. *âwerʒed* An. 1689.

Im st. Vb.
bihlehhan Gû. 1331. *hlyhhende* Hö. 24. (vgl. *hleahtor* Gû. 200).

An. hat 4, Gû. 3, Hö. 2, hl. Krz. 5 ʒeseah; An. 6 ʒeseh; beseah An. 1448. biseah Gû. 1276.

II. eo.

cnihtes An. 915. 1123. cnyht Hö. 79.
eorre An. 47. 1078. (north.). yrre Gû. 161. yrrinʒa Gû. 455.
fcorh An., Phön., hl. Krz., Hö.; Gû. 4 feorh, 2 feorʒ.
ferh 575. 789. wideferh Gû. 643.
fcorne An. 191. fyrn Gû. 841. 946. 1632.
ʒeonʒ An. 12 mal, 4 ʒinʒran; Gû. ʒinʒra 1015.
ʒcorn An. 8 mal, Gû. 5 mal; ʒeorne Phön. 92.
ʒcornor Phön. 573. ʒyrne An. 1587. Gû. 291. Phön. 410.
ʒyrn Gû. 834. ʒyrna Gû. 417.
hyrdc Gû. 6 mal, heorde Gû. 719. (north.).
ʒesiehde An. 620. ʒesihd An. 30. ʒesyhde An. 705. hl. Krz.
21. 41. 66. 95. ʒesihd Gû. 27. -e Gû. 731. 788. 813.
scolfes An. 1302. 1443. -ne An. 923. -a An. 340. 505. sylf
An. 5. 218 etc. -es An. 651. 1111. 1419. -ne An. 329.
432 etc. (die anderen Dichtungen zeigen y).
An. 8 riht, 2 ryht; hl. Krz. 2 i, Gû. 9 y, Phön. 3 y.
siex Gû. 21. sihste Gû. 1123.

III. êa.

éade Gû. 213. 221. éad Gû. 528. ŷdast Phön. 113. ʒcéde Gû.
1179. (El. 2 é, Cri. 1 é).
tôʒeánes Phön. 11. 124. 421. 579. tôʒênes An. 45. 657. 1013.
héahdu Gû. 1061. -um Gû. 768. 910. héhdo An. 875. 1000.
1146.
héan An. 383 etc.; dazu das Subst. héndum An. 117. 1469.
(vgl. Cri. hiendu 591; Leiding setzt hier die north. Form ein,
um den zerstörten Reim V. 591 bis 594 wiederherzustellen).
liʒ Gû. 104. Phön. 39. 218. 268. 505. -e An. 1543, Gû. 1045.
Phön. 533. liʒbryne Phön. 577. -þrœce Phön. 225. 370.
léʒ Gû. 567. -e Gû. 346. 596. -es An. 1554. ádléʒ Phön. 222.
néadcrofan An. 1131. niedum An. 1379. þréaniedlum Gû. 668.
nidʒysta Gû. 511. nŷd Gû. 669. -um Gû. 212. nŷdʒedál
Gû. 906. -es Gû. 1141. -e Gû. 416. nŷdwrœce Gû. 525.
néde An. 115. nearonédum An. 102. þréanêdum An. 1206.

nêah, þêah in Gú., Phön., hl. Krz., Hö.; An. hat 5 nêh, 6 þêh (spätws.).
dêozollice (hier steht êo für ea). dizol An. 698. dizle An. 626.
dỹzle Gú. 130. 186. 437. dézle Gú. 925. bedêzlad Phön. 98.

Im sw. Vb.:
forbỹzan Hö. 35. forbézan An. 1335.
êawed Gú. 57. ôð-êawed Pkön. 322. zeêawe Phön. 334. (north.);
dagegen mit Umlaut in:
ætỹwan An. 729. -ỹwde An. 1170. 1298. 1664.
ôð-ỹwed An. 913. ỹwed An. 974. ỹwad Gú. 473.
ỹwdon Gú. 114. ætỹwdest Hö. 114.
ziemde Gú. 121. zimdon An. 139.
zehêzan An. 932. zehêdon An. 157. -an An. 1051. -e An. 1498.
zehỹran An. 341. 595. 812. -ed An. 92. 1556. (An. 10, Gú. 8, Phön. 3, hl. Krz. 2, Hö. 2 ỹ).
zehêr An. 1500. -ed An. 168.
stỹmeð Phön. 213. bestêmdon An. 487. bestêmed An. 1241. 1477. hl. Krz. 22. 48.

Im st. Vb.:
onzeâton Gú. 524. onzêton An. 534. (spätws., ebenso âzéfan An. 401).

IV. êo.
fêondas (ws. fiend) Gú. 720. hl. Krz. 30. 33. 38.
ealdfind Hö. 89. ỹdfỹnde An. 1549.
nêowinza An. 1396. niowan An. 1672. niwan An. 123. 1305.
ednîwe An. 1016. ednîwinza An. 784. (Im sw. Vb. zenîwad An. 1012. Gú. 3 ï, Phön. 8 ï).
zesîene hl. Krz. 46. wæfersỹne hl. Krz. 31. An. 8, Gú. 7, Phön. 3 ỹ.
zetrêowe An. 986. zetréoweste Gú. 681. zetrỹwe Gú. 617.
þêostra Gú. 668. (angl.). þỹstro Gú. 607. -um Gú. 1255. -e Hö. 55. -o hl. Krz. 52. þêostorcofan Gú. 1168.
Im sw. Vb.: lîhted Phön. 587. lỹhted Phön. 187. stêoran An. 495. stỹred An. 1094. stêorend An. 1338. stỹrend An. 121.

Mit besonderer Berücksichtigung der §§ 1,2α (α vor *l*), 3.1.2 (Umlaut von *a* vor *r* und *l*), 9,1; 10,1 (Brechung); 9,2, 10,2 (*u*-Umlt. *a, i*); 11, 12, 13, 14 (*i*-Umlaut *ea, eo*, Palat.-Umlt.), 17 (*ê* = ws. *æ*), 23,4 (*éa* ohne Umlt.), 24,6 (*éo* ohne Umlt.), 25, 26 (*i*-Umlt. *éa, éo*), 30 (*w*-Gruppe), 33 (Metathesis *l*), 47 (2. und 3. Ps. Sgl. Praes. Ind.), 48 (Part. Perf. auf -*d*, -*t*), 50 (Praet. sw. Vb. Kl. II), 51 (north. Superl.), 52 (Apokope von auslaut. *u*), unterstützt durch ob. Zusammenstellung lässt sich mit Sicherheit der Schluss ziehen, dass ursprünglich unsere Gedichte in northumbr. Dialekt verfasst waren, und dass eine north. Vorlage den ws. Kopisten zu Grunde lag. Wie Leiding in seiner Abhandlung den Nachweis geliefert hat, dass die Dichtungen Cynewulfs in north. Sprache abgefasst waren, so ergiebt sich auch für uns Northumbrien als die Heimat unserer Gedichte.

Eine wesentliche Stütze seiner Darstellung fand Leiding in dem Reim. Es kamen vereinzelte Reimgruppen vor, die durch den ws. Kopisten, der seine Formen eingesetzt hatte, zerstört worden waren. Durch Wiedereinsetzen der north. Formen (z. B. von *zedræz* Cri. 1000, das in An. 2mal belegt ist und von *héndu*, das gleichfalls 2mal in An. begegnet) wurde der Reim wiederhergestellt. Auch in unsern Gedichten finden sich einzelne beachtenswerte Reimformeln.

Wie *zrund and sund* (An. 748). *wordum and bordum* (An. 1207). *wide and side* (An. 1639. Gú. 854. Phön. 467). *lár and ár* (Gú. 592). *hand and rand* (An. 412). *rand and hand* (An. 9) findet sich:

dæzes and nihtes (north. *næhtes*; Gú. 582. Phön. 147. 478). *cræfte and mihte* (north. *mæhte*; An. 941. vgl. hierzu *his cræft ond meaht* Cri. 218. und ähnlich Jul. 392). *his miht and his æht* (An. 1720).

Diese Formen sind gewiss nicht zufällig zusammengestellt; durch Einsetzen der north. Formen erhalten wir wieder die Assonanz.

Was die Zeit der ursprüngl. Abfassung betrifft, so geben uns nur Gú. I und Gú. II sichere Aufschlüsse hierüber. Gú. I (vgl. *Charitius*, Angl. II; Ebert III) erstreckt sich von V. 1 bis V. 790. Wir finden hier folgende Zeitangabe:

V. 124 ff.: *he zccostad weard in zemyndizra monna tidum þära þe nú .... hine wcordiad.* Da nun Gú. um das Jahr 714 starb, so dürfte die Abfassungszeit etwa um 760 fallen. Für Gú. II finden wir:

V. 848 ff.: *sume ǽr, sume sið, sume in úrra æfter tælmearce tida zemyndum sizorléan sóhtun. Us seczad béc, hú Gúdhíc weard þurh zodes willan éadiz on Enzle.* Die Abfassungszeit von Gú. II dürfte demnach kaum vor das Ende des 8. Jahrhunderts zu setzen sein.

Durch ihre Umschreibung in den ws. Dialekt haben sich unsere Dichtungen sowohl der Zeit als auch der Mundart nach scharf von einander geschieden. Wie El. gegen Cri. und Jul. (nach Leidings Abhandlung), so stellen sich An. und das hl. Krz. gegenüber Gú., Phön. und Hö.; sie sind weniger als diese von north. Einfluss berührt.

Der Zeit ihrer Ueberlieferung nach gehören Gú., Phön., Hö. dem Anfange, An. und hl. Krz. dem Ende des X. Jahrhunderts an.

Vita.

Am 30. Sept. 1864 wurde ich, Hermann Bauer, kath. Confession, zu Wiesbaden als Sohn von Alfred Bauer und Pauline geb. Nettstraeter geboren. Den ersten Unterricht erhielt ich in Biebrich a. Rhein, alsdann besuchte ich das Königl. Realgymnasium zu Wiesbaden bis Untersecunda und nach der Uebersiedelung meiner Eltern nach Frankfurt a. M., das dortige Wöhler-Realgymnasium, das ich Ostern 1883 mit dem Zeugnis der Reife verliess, um mich dem Studium der neueren Sprachen zu widmen. 4 Semester war ich an der Hochschule zu Leipzig inscribiert und weitere 4 Semester gehörte ich als akad. Bürger der alma mater Philippina an. Am 28. Februar 1889 bestand ich das examen rigorosum.

Während meiner Studienzeit hörte ich die Vorlesungen der Herren Professoren Arndt, Biedermann, Ebert, Heinze, Maurenbrecher, v. Richthofen, Settegast, Wülcker, Zarncke; Bergmann, Cohn, Fischer, Lucae, Stengel, Varrentrapp, Victor, sowie der Herren Dozenten v. Bahder, Kögel; Feist, Kaufmann, Stosch.

Allen meinen hochverehrten Herren Lehrern spreche ich hiermit meinen aufrichtigsten Dank aus; insbesondere bin ich den Herren Prof. W. Victor und Prof. E. Stengel für die wohlwollende Förderung meiner Studien zu herzlichstem Danke verpflichtet.